一个人 遇见一本书　　鹭书客

埃及 尼罗河西岸

穿越尘埃,踏足古老而
遥远的文明之国

沿着浩荡的尼罗河,寻找孤独星球上
最早的文明之光

埃及,人神共居的国度,
尼罗河赐给人类的厚礼

小重山 著

陕西新华出版传媒集团
陕西人民出版社

图书在版编目（CIP）数据

埃及，尼罗河西岸 / 小重山著. — 西安：陕西人民出版社，2017

ISBN 978-7-224-12203-9

Ⅰ.①埃… Ⅱ.①小… Ⅲ.①旅游指南—埃及 Ⅳ.①K941.19

中国版本图书馆CIP数据核字（2017）第068794号

出 品 人：惠西平
总 策 划：宋亚萍
出版统筹：关　宁
策划编辑：王　倩　韩　琳
责任编辑：张启阳　王　凌
封面设计：哲　峰

埃及　尼罗河西岸

作　　者	小重山
出版发行	陕西新华出版传媒集团　陕西人民出版社
	（西安北大街147号　邮编：710003）
印　　刷	陕西金和印务有限公司
开　　本	787mm×1092mm　16开　17印张
字　　数	180千字
版　　次	2017年6月第1版　2017年6月第1次印刷
书　　号	ISBN 978-7-224-12203-9
定　　价	45.00元

自序

尼罗河西岸

南中国的夏天，就像风姿绰约的新娘，总是撩拨得人心旌神摇，意乱情迷。窗外茂密的细叶榕庄重沉稳，古拙斑斓。枝间跳来跳去的画眉，嘀嘀咕咕，偶尔提高音量，喊着"如意如意"，仿佛在向谁炫耀。一阵风吹来，几片树叶如同酒后的旅人，摇摇晃晃，潇潇洒洒，继而飘落到地面。这等景象，直教人如醉如痴。

我就在这样的氛围里，整理埃及的图片，翻阅埃及的历史。

埃及考古又有新发现。英国《每日邮报》说，来自埃及和其他国家的考古专家组成的科考团队综合运用宇宙射线、红外线成像技术和激光扫描技术，构建了已有4600年历史的弯曲金字塔的内部三维图像，图像清晰显示金字塔内部有两个秘密墓穴。而且确认，图坦卡蒙墓穴也存在密室，北墙应该是密室的入口。

图坦卡蒙（Tutankhamun）是古埃及第十八王朝法老，他的陵墓在1922年被发现，是迄今为止所发现的保存最完整、最华贵的陵寝，豪奢靡丽的陪葬品让世界震惊。棺椁外层是四副镶嵌蓝色洋瓷的包金木套，从外到内，一层一层；第四个木套内停放水晶棺；水晶棺里又有两具人形金像棺，同样外大内小；打开内层的小金像棺，里面才是戴着黄金面罩的法老木乃伊。整组棺椁就像俄罗斯套娃，多达七层。

同时，陵墓里发掘出大量珍贵文物，使人们看到3300年前新王国时期法老的墓葬制度，以及法老本人的形貌服饰、生活用品和车马武器等，真实再现了当时的社会经济、政治思想、宗教文化、科学技术等情况。一些考古学家甚至激动地把图坦卡蒙的陵墓称为"埃及新王国社会的缩影"。此言不虚，现藏于埃及国家博物馆里的图坦卡蒙黄金面具，就是古埃及文明的象征，也是埃及旅游的标志。

有人说，古埃及人是生活在他们自己神话里的民族，单纯而执着。所谓古埃及文明就是丧葬文化，或者死亡文化。事实上，世界上大概没有哪个民族能将死后的世界描绘得如此详尽、如此浪漫，就像史诗般波澜壮阔，荡气回肠。

与我们的传统观念类似，古埃及人也认为西方代表死亡。所以，无论吉萨高地的金字塔，还是底比斯的国王谷，都位于神秘的尼罗河西岸，他们的复活之旅就从西边开始。可惜的是，古埃及人最终没有获得永生，而是消散在历史的烟尘里，只留下无数千古之谜，引领我们不断地前去寻觅、探索。

据称，科考团队还将对胡夫金字塔再次进行测试性扫描。不过，任何科学手段都不能代替"眼见为实"。即使你无意亲身前往埃及，最少也应该通过别人的视角，穿越历史，去了解那个古老而遥远的国度，走进人神共居的尼罗河，与古埃及人对话。

小重山

二〇一六年五月十九日

目录

1 / 开罗，你好！
CAIRO

1. 您从哪儿来？ / 003
2. 法老的世界 / 012
3. 时间害怕金字塔 / 021
4. 耶稣来过 / 035
5. 挡住"十字军" / 042
6. 走进伊斯兰 / 053

2 / 阿思旺与努比亚
ASWAN

1. 搭上火车去南部 / 067
2. 穆斯林兄弟会 / 072
3. 戴手铐的年轻人 / 077
4. 两万只鳄鱼 / 089
5. 女神的战争 / 093
6. 九十岁的人生 / 108
7. 象岛纪事 / 119

3 / 众神的尼罗河
NILE

1. 兀鹰和鳄鱼 / 127
2. 阿布的艳遇 / 139
3. 尼罗河落日 / 147

4 / 露天博物馆卢克索
LUXOR

1. 死亡，或者启程？ / 155
2. 最伟大的女人 / 164
3. 献给太阳神的礼物 / 173
4. 西岸，不朽的哈布城 / 186
5. 他们曾经在这里罢工 / 193
6. 中埃文化年 / 204

5 / 赫尔格达的红海
HURGHADA

1. 水迷烟醉，舞蹈的公主与蛇 / 217
2. 红海——上帝确实存在 / 224

6 / 地中海新娘亚历山大
ALEXANDRIA

1. 城堡依旧，灯塔何处？ / 231
2. 人类文明的太阳 / 239
3. 石柱与庞培无关 / 246

附：

古代埃及和中国历史年表对照 / 253

古埃及大事年表 / 257

开罗，你好！
CAIRO

1.

开罗，
你好！
CAIRO

1.
您从哪儿来？

"有美元要换吗？"

"有欧元要换吗？"

"人民币……"

好不容易摆脱难缠的钱贩子，来到马路对面。一个东亚面孔的女孩正在东张西望，看到我走过来，眼神里充满探求与期待。我看到她那只夸张的行李箱，不禁哑然失笑，因为箱子几乎要高过她瘦弱的肩膀。

她来自日本，名叫藤子（Fujiko），整个人看上去像团揉皱了的报纸，舒展不得。即使如此，在这个看"脸"的世界，我们也一见如故，熟稔地商量起如何到市区。向路人打听机场巴士，答案不尽相同，折腾一番，还是没有找到，只得打车。

我从斯里兰卡飞到埃及，从南亚到北非，无论气候环境还是风土人情，两地竟是如此的不同，让人有些晕头转向。多数游客来到开罗（Cairo），通常会先到市中心的解放广场（Midan Tahrir）——当地叫"塔里"广场。因为这里四通八达，出行便利，更重要的是埃及国家博物馆就在附近。于是，我们计划先到解放广场，再分头行动。

2016年的元旦刚过，正是北半球最冷的季节。尼罗河三角洲南端的开罗，如果没有雾霾和灰尘，就是座阳光城。午后的天气还算明媚，感觉比南中国温暖，比斯里兰卡寒冷。国际机场离市中心约25公里，车费70埃镑。到解放广场后，我交给藤子35埃镑，留下联系方式，她便自己打车走了。

我所落脚的客栈是栋上了年纪的老楼，至少有100多岁，表面还能看出殖民时期的痕迹，但更多的是纠结成疙瘩的电线团。有条定律，你越不想看到什么，就越能看到什么，奇哉怪也。老旧的电梯我甚至不会使用，按了上行键，但等不到电梯门开。彷徨间，过来几个年轻人，用手推开厚重的铁门走了进去。我才知道，电梯门根本不会自动打开，而是要自己推门而入。不论上行还是下行，只要听到"咣"的一声响，便可以手动推门，让人怀疑"老人家"是否安全。国内的电梯事故已经够多了，但我没见过这种文物级别的客梯。

客栈在5楼，房间门口就是前台，右手边为开放式的公共活动区，可以看到城市风貌和尼罗河（Nile）。值班的中年男子穿着灰

↑ 开罗，夜色下的埃及国家博物馆

开罗，你好！
CAIRO

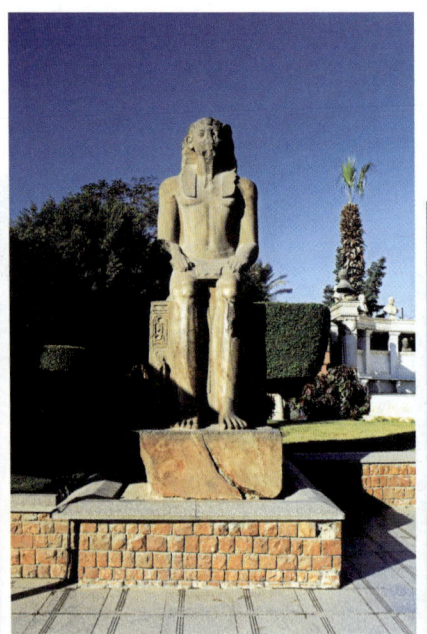

↑ 埃及国家博物馆院子里的石像
← 埃及国家博物馆，法老阿肯纳顿祭拜太阳神的场景
→ 埃及国家博物馆院子里的金字塔形石雕

埃及，
尼罗河西岸

色的半身短大衣，细长的脖子上缠条深色围巾，似乎很冷的样子。此君眼窝深陷、面色苍白、鼻子尖挺，像极了电影《蝙蝠侠归来》中的企鹅人。不过，服务态度还好，说话慢声细语，吐字清晰，非常适合我这种英语不太灵光的客人。

钥匙是那种脖子细长、只有两颗锯齿的古董。房间屋顶很高，有点空荡荡的感觉，里面摆着简单的旧式木头家具，一台21英寸的老电视。除了墙上的英式标准插座，其余我大抵都不会用到。简单梳洗过后，时间已经不早，便去解放广场闲逛。

开罗是阿拉伯人建立的城市。公元642年，伊斯兰战士挥舞长剑踏进埃及，建立新城市富斯塔特（Fustat），同时建造了非洲第一座清真寺——阿慕尔（Amr ibn al-As）清真寺。公元969年，北非法蒂玛（Fatimid）王朝征服阿拉伯人统治的埃及，将其更名为"开罗"，意为"胜利之城"，随后将国都迁到这里。因其旗帜、服饰崇尚绿色，故中国史书多称"绿衣大食"。当时的中国人对世界的了解是多么表面，称倭马亚（Umayyad）王朝为"白衣大食"、阿拔斯（Abbasid）王朝为"黑衣大食"。

傍晚的开罗，雾霾显得尤其严重。整个城市看起来老态龙钟，灰暗古旧，颤巍巍的，仿佛带着中世纪的气息。

法蒂玛王朝于公元1171年被萨拉丁（Saladin）建立的阿尤布王朝（Sulalah Ayyubiyya）取代，开罗城却保留下来。虽然只有1500年的历史，但因为城南30公里处的古都孟菲斯（Menphis）和"太

↑ 开罗解放广场

埃及，
尼罗河西岸

阳城"赫里奥波利斯（Heliopolis），开罗又有"世界文明之母"和"世界城市之母"的美誉。

解放广场位于尼罗河东岸黄金地段，是开罗市中心。广场南面为埃及中央政府大厦，革命时期被烧毁，现在已经恢复；后面是埃及的"贵族学校"——美国大学；向左依次有些店铺，再过去为埃及国家博物馆、尼罗河酒店和阿拉伯国家联盟，这些建筑的前面就是解放路。横跨尼罗河的双狮桥将两岸的解放路连接起来，以河为界，东岸是开罗省，西岸为吉萨（Giza）省，再加上盖卢比尤（Qalyubia）省，这就是"大开罗"。

广场最初叫伊斯梅尔（Isma'il），以19世纪穆罕默德·阿里（Muhammad Ali）王朝的第五位统治者伊斯梅尔·帕夏（Isma'il Pasha）的名字命名。在1952年埃及"七月革命"后，为纪念埃及从君主立宪制转变为共和制，更名为解放广场，成为埃及政治活动的主要场所。2011年埃及"1·25"革命爆发后，在不到三年时间里，总统穆巴拉克（Muhammed Hosni Mubarak）和穆尔西（Mohamed Morsi）先后被推翻，解放广场成为革命的策源地。

解放广场车水马龙，川流不息，显得喧嚣而嘈杂。许多当地女子并没有将自己包起来，而是紧身裤，短夹克，时尚新潮。显然，相对于其他阿拉伯国家，埃及对女性着装更为宽容。但是，开罗的车辆似乎根本不理会行人，稍有空隙，行人便一拥而过。有时人走到中间，左闪右躲，以避让不会减速的车流，看上去惊险万分。没

开罗，你好！
CAIRO

办法，我只好跟着当地人，学习"埃及式过马路"。

"您好，欢迎来到开罗！"一个胡子拉碴的中年人过来打招呼。

"谢谢，"我突然记起来一句阿拉伯语，便赶紧说，"萨拉姆。"

阿拉伯语"Salaam Alaikum"其实很郑重，本义为"平安、和平与你同在"，有"四海之内皆兄弟也"的概念。

"啊哈，萨拉姆，您从哪儿来？"他开心地嚷道。

"中国。"

"哦，中国，我喜欢中国人。您觉得埃及怎么样？"他夸张地边打手势边问。

"埃及历史悠久，是文明古国，我喜欢。"

"是的是的，我的朋友。那么，为什么不去我的店里看看呢？"

我突然意识到，这家伙是街头的"拉客仔"。以前听说埃及小贩难缠，正面佯攻，侧面迂回，最终还是要将人拉到他的店里。这场面似曾相识，在广州北京路，经常看到围着外国游客搭讪的"热心人"，就是为了推销他们手中的"山寨"表。我道声"舒可兰"，不再理会他的热情，任凭他在后面不甘心地叫我。

"嗨，您是中国人吗？"可是，刚转身，一个穿着旧皮夹克的高瘦男子又来搭讪。

"是，但我不想买东西。"我胡乱答应着，以保持基本的礼貌。

"这些人很讨厌，您要学会对他们说'不'。"他好像看到刚才的一幕。

埃及，
尼罗河西岸

"谢谢，我刚到开罗，还没有购物的打算。"

"我不推销东西。您来自北京还是上海？"他笑着问。

"广州。"

"广州？"他睁大眼睛，惊喜地说，"我弟弟在广州做生意，经常在开罗和广州间往返。"

"哇，怪不得您对中国这么熟，去过广州吗？"

"没有，我是中学老师。"他眼中闪过一丝尴尬，但很快又微笑了。

"欢迎到中国旅行！"

他叫阿里（Ali），伊斯兰最常用的名字，很高兴他没有说"欢迎到我的店里"。我向他打听附近吃饭的地方，他说往前走有许多餐馆，再三提醒我碰到搭讪的人，要学会说"不"。

与阿里道别，没走几步，又有人拦住我："先生，去我的店里，保证有您喜欢的东西。"

"不！"

开罗，你好！
CAIRO

2.
法老的世界

我游历沙漠古国的原委，其实是因为爱我们自己的文化。这倒不是自恋，了解得越多，才会有对比，才会爱得更深。

埃及有7000年文明史，当这个星球上的其他民族还在吃树叶穿兽皮的时候，古埃及人却已经进入文明社会，灿烂的古文明就像黑暗夜空中划过的流星，神秘而遥远。从公元前5000年开始，历经史前期、诸神主宰的古埃及、希腊罗马行省时期、阿拉伯伊斯兰时代，遭受过努比亚、波斯、希腊、罗马、阿拉伯，以及法国和英国军队的入侵。战争带来了死亡和苦难，同时也促进了民族融合与文化交流，形成独特的历史和文化。

起来的时候，太阳刚好冒出尖儿，照在带着沙漠气息的建筑顶上，显得温暖而暧昧，看来又碰到好天气。我占据了客栈公共活动室阳台上唯一的桌子，在等待早餐的空闲时间里，欣赏开罗的城市风光。同住客栈的那对南美夫妇见了，只好坐在里间的沙发上。

早餐比较简单，几片烤面包、煎蛋、咖啡、红茶，配了黄油和甜酱，倒也别有风味。老旧的客栈虽然坐落在市中心，但颇为安静。这个时候，如果可能，我尽量保持沉默，在袅袅的茶烟里，享受尚未消尽的旷远而蒙眬的睡意。南美人则不然，活泼的女郎和前台的企鹅先生聊得火热，从煎蛋到拉美西斯（Ramesses），再到吉卜赛（Gypsy）音乐。

原来她是传说中的吉卜赛女郎，真是出乎意料。这女郎皮肤深褐，栗色长发，画着很重的眼线。聊得兴起，居然边跳边唱，男子双手打着节拍，动作迟缓的企鹅先生也摇头晃脑，扭起了屁股。我在开罗的第一个早晨，竟然如此的欢乐。

吉卜赛人是肤色较深的高加索族裔，能歌善舞，擅长各种杂耍和小技巧，甚至经常充当预言家。他们原住印度西北部，现遍布世界各地，依旧没有改变四处流浪的习惯，以兜售奇巧之技为生。我记起《百年孤独》里的吉卜赛人，消息灵通，预言像巫师一样神准。

企鹅先生提醒，埃及国家博物馆9点开门。时间将至，我便别过吉卜赛人和企鹅先生，去拜访古埃及的法老（Pharaoh）们。"法老"最初意为"王宫"，第二十二王朝时，才成为国王的代称。法老通常有五个称谓，分别是荷鲁斯名、两女神（代表上、下埃及）名、金荷鲁斯名、登基名和原名。

砖红色的埃及国家博物馆建于19世纪末，本身就是文物，1902年搬到现址。门口军警荷枪实弹，戒备森严，通过两次安检才能进入，

开罗，你好！
CAIRO

不能带相机。可以理解，1997年恐怖极端组织曾在博物馆门前制造爆炸，"1·25"革命时期，盗贼破坏了数件珍宝，包括一具3000多年前的儿童木乃伊，同时纪念品商店也被洗劫。据说革命高潮时，埃及民众自发组成人墙，保护馆内文物。

或许为刺激旅游，前段时间博物馆声明允许免费拍照。售票窗口的告示说明，我刚好错过，只能对着院里露天摆放的雕塑拍个不停。博物馆门口有方形水池，种着象征上埃及的莲花和下埃及的纸莎草（Cyperus Papyrus）。不过这个季节只有纸莎草，拱形门的两边也分别有手执纸莎草和莲花的法老浮雕。

古埃及以孟菲斯为界，上埃及从阿思旺（Aswan）到开罗南部，大部分国土为沙漠，只有狭窄的尼罗河谷能种庄稼，以莲花、白皇冠、眼镜蛇瓦吉特（Wadjet）为标志；下埃及指尼罗河三角洲地区，以纸莎草、红皇冠、兀鹰奈库贝特（Nekhbet）为标志。

准确地说，古埃及文明始于公元前32世纪时上埃及法老纳尔迈（Narmer）平定下埃及，建立第一个王朝，终于在公元前343年波斯再度征服埃及，第三十王朝法老内克塔内布二世（Nectanebo II）被废黜。在将近3000年间，古埃及人就像来自外星球，一骑绝尘，领跑世界。公元前3世纪，大祭司曼内托（Manetho）编制的古埃及历史王朝世系表，将古埃及按都城和统治家族分为四个时期共30个王朝，即早王朝、古王国、中王国和新王国，这是目前历史学家公认的分类方式，国家博物馆的文物基本按此顺序排列。

埃及，
尼罗河西岸

进门就被中央大厅端坐的阿蒙霍特普三世（Amenhotep III）夫妇的巨型石像折服，周围堆满各类文物，仿佛穿越时空，走进法老的世界。此刻，历史在这里凝固，古埃及就在眼前，没有任何地方比这里更能展现古埃及和人类早期的文明。仿佛能听见诸神的低语、法老的嘱托，甚至雕凿工具发出的"叮叮当当"的声音。

博物馆平面呈倒"U"形，分两层，有107间小展馆，珍藏自法老时代到公元5世纪至6世纪罗马时期的文物12万余件。一楼按顺时针方向，分别展示古王国、中王国、新王国、后期埃及和希腊罗马时期的文物。馆藏唯一的赝品是"罗塞塔"（Rosetta），这块石碑的发现，才使法国历史学家商博良（Champollion）成功解读古埃及象形文字。如今石碑真迹流落大英博物馆，估计埃及人是要不回来了。

一楼中庭有巨大的阿蒙霍特普夫妇雕像，阿蒙霍特普是古埃及第十八王朝法老，在位期间埃及空前鼎盛。据说博物馆建造前，他们的巨像就在这里。不过，"纳尔迈"调色板才是博物馆的基石，正、反面分别绘有头戴上、下埃及王冠的法老纳尔迈（Narmer），他是古埃及第一王朝的开国君主，也叫美尼斯（Menes），历史上第一次统一埃及。可以说，博物馆里的法老时代，从"纳尔迈"调色板开始。

古王国时期的展品以孟菲斯出土的雕像为主，有肌肉发达的哈夫拉（Khafre）、盘腿书记员、贵族和侏儒雕像，以及精美的美杜

开罗，你好！
CAIRO

姆（Meidum）鹅镶板；中王国时期，木雕逐渐代替石雕，彩色木雕士兵像、送祭品人像等极为精致；到新王国，尤其古埃及最鼎盛的第十八王朝存世文物很多，有尊如同小儿吸吮手指的拉美西斯二世（Ramesses II）雕像，颇有意趣；希腊、罗马时期的展品多融合写实风格，希腊罗马木乃伊面具画像，至今还有人定制。

二楼是专题陈列室，有棺木室、珠宝室、绘画室、木乃伊室、随葬品室、史前文物室、图坦卡蒙（Tutankhamun）室、纸莎草文书室等。

图坦卡蒙室有专人看守，里面陈列了1700余件文物，其中"黄金面罩""黄金棺材""黄金宝座"，堪与世上任何文物媲美。"黄金面罩"是镇馆之宝，也是埃及旅游标志，用黄金按法老容貌打造，镶满红宝石，前额有象征上、下埃及统治者的眼镜蛇和兀鹰。小法老9岁即位，19岁神秘离世，在政治上没什么建树，但陵寝按其生前所好布置，极尽奢华，发现他陵墓的考古学家感叹："图坦卡蒙最出色的贡献就是他死了，并且被很好地埋葬。"

有报道称博物馆工作人员在2014年不小心弄掉了黄金面罩的胡子，修复时留下永远的痕迹。我围着面罩转来转去，仔细观察，也没有发现破绽。据说，德国和埃及的专家组团会诊，用专门工具，以古埃及人使用的天然蜜蜡，才将部分胡子粘回原位。

二楼南面有两个皇家木乃伊室，里面存放20余具法老与家属的木乃伊。有的近4000年历史，仍保存完好，可清楚看到头发、指甲，甚至表情。底比斯（Thebes）法老塔阿二世（Seqenenre Taa II）死于征战，鬓发下的伤口清晰可见，从扭曲的胳膊看出他死状惨烈。第十九王朝法老拉美西斯二世遗体保存最为完好，前额略秃，头发染成红褐色。拉美西斯二世是历史上第一个与强敌赫梯（Hittie）缔结和平条约的法老，所以安放他遗体的 56 号馆也叫"战争与和平展览室"。

将法老木乃伊售票展出，其实饱受争议。换位思考，如果中国人将祖先遗体展出来换钱，真不是什么光彩的事情。或许，现代埃及人和法老时代没什么瓜葛？

制作木乃伊有一套复杂的程序，先将内脏和大脑取出，填入香料等防腐物品，等尸体风干后再用亚麻布裹起来放进棺材。而胃、肠、肺、肝盛在以法老守护神荷鲁斯（Horus）4 个儿子头像装饰的卡诺匹斯（Canopic）罐里晾干，再同棺椁一起置入墓穴。但心脏要留在身体内，因为冥府审判时要称重。这个过程，可以看出古埃及人高超的解剖学和外科学水平。

古埃及人崇拜动物，喜欢将猫、狗、鸟、猴子、胡狼、鳄鱼等制成木乃伊，甚至制成"烧烤"状，供法老享用。动物木乃伊展室只有几个中国人，看到我进来，其中一个压低声音提醒同伴："看，来了一个棒子。"我长得很像韩国人吗？就算是，如此明目张胆的语言歧视，恐怕也不好吧？我晃了晃手里的中文导游书："我是中国人。"他们倒不好意思起来。其实很多韩国人都会中文，对"棒子"

开罗，你好！
CAIRO

这类蔑称尤其敏感，我以为还是积点口德为妙。

我几乎在馆内泡了一天，还是觉得意犹未尽。

法老的遗产确实令人惊叹，可以看到古埃及人的生活细节和社会风貌。坦白地说，除价值连城的文物，若论馆内设施，还不如中国省市级博物馆，如陕西历史博物馆、洛阳博物馆等，更无法与美英德法这些有博物馆群的国家相比。事实上，所谓埃及国家博物馆，与堆放文物的仓库相差无几。馆内灯光昏暗，陈设老旧，指引模糊；展品排列混乱，甚至随意堆放，多数没有编号和说明；没有临时展馆，国际交流当然无从谈起。

所有文明古国中，埃及法老时代的文明独领风骚，建筑和雕刻艺术成就首屈一指。国家博物馆里的每件展品都是绝世宝贝，无与伦比。然而，其硬件设施还停留在100多年前，在"世界十大博物馆"里，是唯一没有空调系统的博物馆。开罗的夏天，就算躺在玻璃柜内的帝王们能够消受，可哪个看客愿意来洗桑拿？

其实，这座建于1858年的国家博物馆，曾一度让世人眼红。此前两年，中国正在遭受第二次鸦片战争，英法联军入侵；此后两年，英法联军火烧圆明园。那时中国人还没有博物馆的概念，差距不言而喻。1912年成立的国立博物馆筹备处，半个世纪都没有独立馆舍，直到1959年才搬到天安门广场东侧，当时无论场馆规模还是国际影响，都远不如埃及国家博物馆。

博物馆是国家文化的宗庙，代表国家和民族的文化属性。只有国家强大，才有可能建造规模恢宏的国家博物馆，才能保护好民族的祖坟。埃及、中国和其他东方国家遭遇过相同的耻辱和苦难，许多宝贝躺在西方博物馆里。如今埃及国家博物馆与中国国家博物馆的巨大差距，就是国家发展与走向的最好例证。伊拉克、叙利亚等国家的博物馆所遭受的战争伤害，说明发展才是硬道理，不发展就没有稳定，不稳定就没有发展。

自公元前30年罗马征服埃及托勒密（Ptolemaic）王朝后，古埃及灿烂辉煌的法老时代宣告结束。也许古埃及人过度奢靡提前消费了尼罗河带来的好运气，此后的埃及就像一辆老旧的公共汽车，只能搭载那些过路的强盗窃贼，除了争夺权力，再也没有创造出像样的文明。当阿拉伯铁骑跨过尼罗河，埃及步入了伊斯兰时代。如今生活在这片土地上的人们，与法老时代基本不搭界，甚至他们对自己土地上的古文明也没有太多的热情和自豪，仅当赚钱的工具。古埃及文明现在只能堆放在博物馆里，或附加在路边廉价的纪念品上。

也有惊喜，那就是紧邻吉萨高地的金字塔（Pyramids）群的大埃及博物馆，投资6亿美元，于2000年开始建造，原计划2015年向公众开放。但是，埃及文物部长2015年8月25日对外宣布，大埃及博物馆将由国际方面管理，在政府机构的管辖范围外独立运营，开馆日期将延至2018年。大埃及博物馆已实际耗费11亿美元，在2015年3月因资金短缺，导致整个项目延期，多亏日本在紧急关头又提供3.3亿美元贷款，才使项目得以继续。

开罗，你好！
CAIRO

旅游业是埃及的主要经济来源，多年的政治动荡、革命和暴力事件，使埃及成为不安全旅行地。我在国家博物馆遇到的成都团队，八天五夜全程五星，7000多人民币团费，要在平时，也就是个机票钱，可见埃及人也蛮拼的。

↑ 埃及博物馆砖红色的正门

埃及，
尼罗河西岸

3.
时间害怕金字塔

天空把自己的光芒施舍给你，
以便你能进入天堂，
仿佛拉（Ra）的眼神。
——《金字塔铭文》

埃及吉萨高地的金字塔群，大抵是世界上最神秘、最恢宏、最不可思议的古代建筑，也是埃及旅游的标志。从小惦记，突然间来到跟前，反而让人觉得心里空落落的，有点像老虎吃月亮，不知道从哪儿下爪。

我真的是个吉祥物，凌晨时分，居然下了一阵急雨。雨量不大，只是勉强打湿地面，但气温骤降，对开罗人来说，已经是了不得的事情。前台的企鹅先生将围巾拉起来，直到堵住他的鼻孔。他笼着袖子一边徘徊，一边喃喃自语："哦，真主啊，开罗居然下雨了。"

开罗，你好！
CAIRO

↑ 从左到右分别是孟卡拉、哈夫拉和胡夫金字塔

埃及，
尼罗河西岸

看来，埃及人也碰上了"百年一遇"的异端天气。

我可不想辜负好时光，准备赶到吉萨高地，在景区开门的第一时间参观金字塔。

说到吉萨，旅人通常会想起开罗西南面的金字塔群，其实，尼罗河西岸部分都属吉萨省。过了尼罗河往西约9公里，老远看到金字塔，心里兀自叮咚不已，兴奋之情无以言表。我看过以尼罗河为前景的金字塔图片，落日熔金，彩霞满天，金字塔沐浴在暖色调的光辉里，不知道从哪儿拍得？如今没有特殊的许可，恐怕很难拍摄到如此壮阔的景象，因为下午4点钟，景区就要清场，所有人都得离开。

出租车临近售票处时，司机似乎有意放慢速度，让佩戴着"工作牌"的当地人敲打车窗，我示意不用理会，直接到售票处。

印度泰姬陵前面的三轮车，埃及金字塔周围的骆驼仔，臭名远扬，我自然不会轻易就范。景区门票80埃镑，进入最大的胡夫（Khufu）金字塔里面则需单独购买200埃镑的门票。相对于中国，倒也不算贵。过了安检，前行不远，来到胡夫金字塔跟前，金字塔像个角锥形的麦斗倒扣在沙漠里，或者像枚皇家印章，正在盖戳圈地。

太阳早已升起，躲在铅色的阴云后面，一会儿像挂在天上的亮银盘，一会儿像被谁捅开的窟窿，让人捉摸不定。我揉揉眼睛，生怕错过什么，然而，这座四边锥形的石头堆确实就是让世人梦萦魂

↓ 背景是胡夫金字塔，底层是黑色花岗岩

↑ 胡夫金字塔

埃及，
尼罗河西岸

牵的金字塔。请原谅我，期待了数十年的世界文化遗产，乍一见，真不像外星作品，倒像被谁玩坏的残局，似乎只剩几枚棋子，孤零零的，甚为寂寞。

这组金字塔群修建于古王国时期第四王朝，已近4600年历史，由东北到西北依次为胡夫金字塔、哈夫拉（Khafre）金字塔和孟卡拉（Menkaure）金字塔，分别由祖孙三代法老所建。最初认为是法老的陵墓，但里面没有发现木乃伊，随着研究的深入，这种说法受到质疑。

中国人是世界上最勤劳的民族，连旅游都是如此。大家在景区开门的第一时间来到金字塔前，兴奋地合影留念。天气有些冷，穿着长袍子的小贩，骑着高头大马的警察，甚至牵着打扮得花里胡哨的骆驼的拉客仔，都用围巾将头包得严严实实。就算这样，他们一点也不懈怠，仍然卖力地招徕每一个路过的游客，以期帮衬他们的生意。

大概在说了二十几遍"不，谢谢"之后，我才得以爬上胡夫金字塔表面。从这个角度看，胡夫金字塔倒确实显得宏伟壮观，原本高达146.59米，几千年风沙侵蚀，表面光亮的石灰岩早已剥落，高度也降低了9米。现在的面貌，虽然"只可远观，而不可亵玩焉"，但仍然相当于40层楼。

我所谓的"爬上"，是指沿着景区修建的台阶走到参观金字塔内部的入口处，再往上是爬不得的。据说，迄今为止，爬上金字塔

开罗，你好！
CAIRO

顶端的200个人，均未能活着下来。有人在1989年目睹了英国人彼得（Peter）爬上塔顶，再莫名其妙摔成肉饼的过程。不知道是巧合，还是法老的诅咒？反正我是胆小鬼，不敢登临。

但是，就在我参观完金字塔不久，看见英国《每日邮报》的报道，一名德国青年前段时间将旅游拍照推向新高度。他冒着被判刑的危险，快速攀登上世界七大奇迹之一的埃及吉萨金字塔，并拍下过程放上网。他返回地面被当局拘捕，但随后获释。从图片角度看，他登临的正是胡夫金字塔。德国人喜欢挑战规矩，还曾有跳进兵马俑坑的记录。

的确有"法老的诅咒"，在卢克索（Luxor）国王谷图坦卡蒙（Tutankhamun）墓中就有"谁要扰乱法老安眠，死神将张开翅膀降临到他头上"这句话，另一则铭文则恶狠狠地说："任何怀有不纯之心的人进入这坟墓，我就要像掐鸟儿般掐住他的脖子。"据说，这个最年轻的法老的墓门被开启的同时，神秘伴随而来，接下来的10年中，进入陵墓的人有四成连续死亡。

我还是要钻到胡夫金字塔里面打探一番。入口处的警察须发斑白，挺着肚皮，看起来已经有把年纪了。他示意我将相机放在旁边的石头上，虽然担心丢失，但还是听从指示。

胡夫金字塔里有上中下三个窟室，分别称为国王室、王后室和未完成的地下室。国王室位于金字塔中心，用9块50吨重的花岗石横梁塔成5层空间，顶层"人"字形架构，以分散重量，里面只有一口缺角的残破空石棺。国王室和王后室南北中轴线上，各有2条通风孔。这种设计，再加上古埃及人的《亡灵书》的渲染和周围发现的太阳船遗骸，使金字塔更加神秘，各种数字对照、宇宙空间、星座指向之类的说法纷至沓来。

说金字塔非人力所为，系外星文明作品，缘于其选址、方位、石材、打磨、搬运等智慧完全与现代科技媲美。多达230万块巨石严丝合缝紧密契合，连薄刀片都插不进去，而当时其他民族还在茹毛饮血。无论从数学、物理角度，还是天文、地理方面，都与现代科学有着不可思议的吻合。在没有罗盘的时代，能做到四边正对东西南北，本身就是奇迹。

考古学家推翻了金字塔由奴隶建造的说法，认为修建金字塔的是技术娴熟的本土工人，而且伙食不错，以面包洋葱啤酒为主，还能获得报酬。金字塔南边发现的"建设者墓地"证实，这里曾居住过5万名以上的工人，包括普通工匠、建筑师、面包师等。从一具因小腿骨折而动过手术的墓主尸骸推断，他们享有良好的医疗保障。据说全国80%的人参与工程，10万人一组，三个月轮换，花费20年时间才建成胡夫金字塔。有人说，金字塔是尼罗河泛滥期农民再就业的工程，建造者不是皮鞭下的奴隶，而是"农民工"。

每年尼罗河涨水时，成千上万腰缠白色亚麻布的古埃及劳工，将南方阿思旺（Aswan）采石场里的石材装船运到吉萨，再利用坡道和滚木搬运巨石，随着工程进度，坡道也越建越高。公元前5世

开罗，你好！
CAIRO

纪的古希腊人希罗多德（Herodotus）在其所著《历史》中说，埃及人先修建一层层梯形平台，再制造平衡器，利用杠杆原理逐级提升巨石。不过，此君所言多为道听途说，不能全信。

中文名"金字塔"简直翻译绝了，古埃及语"Pyramids"就有高的意思。据说金字塔代表乔格里峰，昔年亚历山大远征印度，就是为了寻找喜马拉雅山下传说中的知识神殿。后来的拿破仑团队对金字塔进行过深入的研究，至于他本人经历过什么，恐怕是永远的谜。

古埃及人是生活在自己神话里的民族，他们认为人的生命围着太阳转，东升西落，循环往复，生生不息。他们费尽心力打造的金字塔，正是进入新世界的"复活机"，法老将在这里出发，踏上永生之路，抵达黎明，继续掌管人间。如果法老不能重生，埃及社会将"树倒猢狲散"。

金字塔里面其实没多少看头。当然，钻进去本身就是难得的体验，感觉只有两个字——"憋屈"。还好今天游客不多，在狭窄的甬道里爬行，就像进入古埃及法老领地，神秘、恐慌、窒息，后背凉飕飕的，似乎正在跟着亡灵接引神阿努比斯（Anubis）前行。有研究称，当金字塔修到一定高度，外部坡道不再适合搬运石料，而是用内部通道和滚木运送物料。

出来的时候，云层已经散开，可以清楚看到远处的城市轮廓。开罗是大城市，人口超过1800万，埃及政府预计到2050年人口将增至 4000 万。人口膨胀致使沙漠边缘的吉萨高地已城市化，法老们想要在此安静地等待复活，恐怕是痴心妄想。

胡夫金字塔东侧有三座碎石堆，叫王后金字塔，是法老妻子和姐妹的陵墓。切勿惊讶，古埃及人没有乱伦的概念，为保持血统纯正，兄弟姐妹甚至父女、母子通婚是很正常的事情。如果不是这座大金字塔，恐怕很少有人知道胡夫是第四王朝法老。在埃及国家博物馆里，仅有他一尊 7.5 厘米高的象牙雕像。

在胡夫金字塔南面，是新修的太阳船博物馆，里面只有一件藏品——胡夫 5 艘太阳船中的一艘。1954 年，考古学家在金字塔周围发现停放法老太阳船的 5 个大坑，经 13 年修复，才将其中一个坑里的 1224 块黎巴嫩雪松重新拼成太阳船，并保存在原址修建的博物馆里，其他 4 艘则被重新埋藏。

古埃及人认为，昼夜交替是因为太阳神白天搭太阳船从东向西航行于天空，夜晚则从西向东在地下巡行。太阳神有各种形象，清晨是圣甲虫"凯布里"（Khepri），白天是鹰头的"拉"（Ra），晚上则是人形的"阿图姆"（Atum）。

通过安检换上套鞋入内。一楼有些发掘图片、建造工具和船只模型，二楼是 30 米长的太阳船，架在空中，两头尖细翘起，一头有倒钩。太阳船被认定为古埃及文明十大发现之首，证实古埃及人的生死观。他们确信，法老的灵魂在这里与西边来的太阳神会面，甚至合二为一，搭乘太阳船前往黎明，像太阳一样复活。

开罗，你好！
CAIRO

然而，现代埃及人不吃这套，因为他们的教义与古埃及人的信仰完全不同。

"嗨，你好，我的朋友！"刚系好鞋带，被一个年轻人迎面拦住。

"你好！"

"请跟我来，"他晃了晃挂在胸前的牌子，表示是"工作人员"，"往这边走。"

"不，谢谢，我知道路！"

"哦，交个朋友，这是我送给你的礼物！"他从挎包里掏出什么小玩意硬塞到我手里。

"非常感谢，但我确实不需要。"我又塞给他，赶紧逃离。

为了躲避"骆驼仔"的纠缠，我决定步行参观。走路几分钟就到哈夫拉金字塔，因所处地势较高，看起来比胡夫金字塔还要宏伟。但它实际只有136米高，塔尖保留着闪亮的石灰岩壳。原来三座金字塔表面都有这种光滑的白色石头，后来被人为剥掉，露出里层质地较差的石块，才变成这种灰头土脸的模样。

哈夫拉与孟卡拉金字塔内部轮流开放，今日正好关闭。其实，金字塔里面都差不多，但哈夫拉金字塔前面的神庙和著名的斯芬克斯（Sphinx）——狮身人面像却非看不可。本来可以放到最后，但作为哈夫拉金字塔的组成部分，是一个整体，不妨多走几步，同时参观。

哈夫拉山谷中的神庙没有多少可看的内容，原来有23尊黑色

↑ 斯芬克斯，即著名的狮身人面像
← 背景是哈夫拉金字塔
↓ 哈夫拉金字塔前面的驼队

开罗，你好！
CAIRO

闪长岩的哈夫拉雕像，现保存于埃及博物馆内。庙前堤道通向阿拉伯人所说的"恐惧之父"阿布·霍尔（Abu al-Hawl），即狮身人面像。现在已被埃及政府围起来，不允许靠近，只能在右侧观看。

初次照面，仿佛碰到了熟人。它的两只前爪向前延伸得有些夸张，看上去与身躯不太协调。以胡夫金字塔为背景，虽然看上去洪荒神秘，但没有恐惧感。原本法老的头像造型，因为失去鼻子和胡须，面部显得有些残疾，倒让人心生怜悯。

希腊人将狮身人面像当成自己神话中的怪物"斯芬克斯"，其实二者不搭界。关于狮身人面像的鼻子和胡须，或说在中世纪被马穆鲁克（Mamluke）的"奴隶兵"当靶子打坏，或说被拿破仑下令用大炮轰掉，还有说被朝圣的伊斯兰苏菲派（al-Sufiyyah）游客砸烂。可信的说法是，石头本身的问题，因为除头顶部外，面部石质松软，经不起风沙的侵蚀。

众说纷纭，莫衷一是。事实上，拿破仑征服埃及后，他所带来的学者，第一次对埃及古迹进行全面的研究，留下24卷《埃及记述》，为最早研究古埃及文明和风俗的著作。

根据雕像两爪间的法老名号，多认为狮身人面像建于哈夫拉时期，用石道底部的整块岩石雕刻而成，雄狮的身材哈夫拉的脸，象征强壮和智慧。但质疑始终没有停止，有说狮身人面像是为托梦给图特摩斯（Thutmose）的太阳神塑造的雕像；也有考古学家认为，狮身人面像的建造时间恐怕要追溯到1万年前。

埃及，
尼罗河西岸

因为游客较少，"骆驼仔"和马夫们懒洋洋的，此际也不过分纠缠。听说政府也在整治欺客现象，以重振埃及旅游业。相对于过去，秩序已经好得多了。一位朋友10年前来时，因为拍照落单，结果被那些家伙硬抬上骆驼，付了相当于200元人民币的埃镑才脱身，而官方价格每小时35埃镑。

相比较而言，孟卡拉金字塔体积最小，大约只有胡夫金字塔的十分之一。从斯芬克斯像走过去，约需20分钟，主塔西面有一组王后金字塔。可惜此际已经审美疲劳，便没有过多停留，听说转到后面能找到很好的角度，可拍到三座金字塔的全景。

胡夫金字塔是古埃及建筑的巅峰之作。古埃及人最初建造的金字塔为长方形，第三王朝的大祭司印何阗，即伊姆霍特普（Imhotep）在墓葬城萨卡拉（Sakkra）为其法老左塞尔（Zoser）设计建造的六层重叠式的阶梯式陵墓，为最早的塔形墓葬。当时的中国，才开始玩新石器。

"印何阗"意为"和平的人"，为历史上第一位有名有姓的建筑师和医学专家，被埃及奉为神祇，他有句口头禅："吃吧，喝吧，开心点，反正我们迟早都会死。"好莱坞电影《木乃伊》将他描绘成邪恶的祭司，最后被执行"虫噬"，施以最恶毒的诅咒，实在有些过分。有意思的是，影片中的印何阗形象，居然与其存世的雕像非常神似。

后来，随着金字塔坡度和规模的增加，建造难度也增加。胡夫

开罗，你好！
CAIRO

的父亲圣法鲁（Sneferu）造出来一个怪胎——弯曲金字塔，而后来的红金字塔才是第一座真正意义上的金字塔。到胡夫金字塔，不论规模还是外形，都堪称完美。再后来的金字塔反而愈建愈小，说明古埃及国力下降，没钱了。

"人类害怕时间，但时间害怕金字塔"，阿拉伯谚语如是说。按照金字塔目前降低的速度推算，胡夫金字塔再过6.5万年，便会在地平线上消失，那时候人类会是什么情况呢？

考古学家对金字塔做过无数次研究探索，但仍然存在许多未解之谜。2002年曾在全球进行过电视直播的探测金字塔考古活动，当造价高昂的"金字塔漫游者"将高分辨率光纤摄像头送入胡夫金字塔王后室南通道的石门后时，却被里面另一道石门挡住。目前，来自法国、日本、加拿大和埃及的专家，将继续使用高科技"扫描金字塔"，预计工作将持续到2016年年底。

这些庞然大物究竟用来做什么？真的仅仅是法老的陵墓吗？我总觉得，对金字塔的多数解读，如什么奇妙数字、星象关系、神秘角度，多为穿凿附会，也许将来会有答案吧。

走出景区门时，被一个兜售纸莎草画的小贩盯上，直追出半里地才罢，让我领教到什么叫作"锲而不舍"。

4.
耶稣来过

除尼罗河西岸的吉萨高地，开罗还有几个地方值得驻足。以塔里广场为中心，南有尼罗河畔的老城科普特（Coptic）区，北有拉美西斯广场，东有伊斯兰社区、哈恩·哈利利市场、"北部墓地"和萨拉丁城堡。

开罗老城也叫科普特区，为现代开罗的发源地，甚至与"埃及"这个名字颇有渊源。亚述人（Assyrian）称古埃及为"Ki-Ku-Phon"，意为"神祇之地"或"灵魂之地"。希腊人征服埃及后，按自己的语言，写成"Aegyptus"，后来演变为"Egypt"。公元639年，阿拉伯人入主埃及，误以为"Egypt"的词首"E"是冠词，将"Gypt"读作"Qipt"，后来衍生出拉丁词根"Copt"，泛指当时的埃及和埃及人。

《圣经》记载，耶稣（Jesus）为避希律王（Herod）迫害，全家逃难到埃及，曾住在科普特。现在的"科普特人"仅指"埃及的

← 伊斯兰社区街头
↓ 哈恩·哈利利市场上的水烟瓶

↑ 晚餐间隙，小贩们不失时机地向游客推销他们的小商品

埃及，
尼罗河西岸

基督教徒",据说他们是使徒马可(John Mark)在公元42年所建教会的后人,也很可能是古埃及人的后裔。马可是天主教的圣人,相传为《马可福音》的作者。

说起来难以置信,埃及曾经是一个基督教国家。公元400年至800年,埃及绝大多数人信奉基督教。甚至阿拉伯人征服埃及后几百年,基督教还是当地主要信仰,直到12世纪伊斯兰教才占了上风。

尽管埃及的九成居民信奉伊斯兰教,但仍有900万科普特人是基督徒,其中不乏社会名流,如前联合国秘书长加利(Ghali)就是科普特教会的信徒。他们除了宗教仪式使用科普特语,衣食住行等日常生活与其他穆斯林无异。据说穆卡坦(Muqattam)山脚的"垃圾城",主要由科普特人经营,负责回收处理全市的垃圾,因而被戏称为"扎巴林人"(Zabbaleen)。

出租车停在路边,司机指着路口,让我们自己走过去。路口许多警察荷枪实弹,全副武装,甚至旁边还有几辆坦克和装甲车。当地人大概司空见惯,倒没什么异样,蹬三轮车的,摆摊子的,闲晃悠的,似乎都漫不经心,偶尔还会打闹或者吵上几句。绕过层层铁马,警察用什么机器扫描一番,就放我进去了。

科普特区的景点比较集中,一片基督教公墓包围着由罗马皇帝图拉真(Trajan)扩建过的巴比伦堡,围墙内有圣·乔治(St. George)教堂,往南几步就是科普特博物馆、悬空(Hanging)教堂和犹太会馆,附近还有为数众多的清真寺。

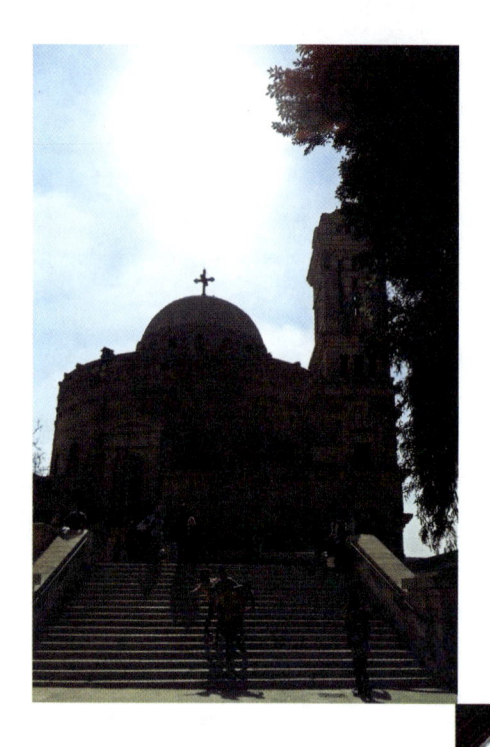

↑ 开罗科普特区的悬空教堂
→ 科普特区悬空教堂的穹顶
↓ 悬空教堂，许多基督徒前来朝拜

埃及，
尼罗河西岸

圣·乔治教堂为纪念古代巴勒斯坦的基督教殉难者乔治而建；而圣·赛格鲁斯和巴格斯（St. Serguis & Bacchus）教堂下面有"圣家庭"——耶稣全家避难的洞穴，现在就像地下室。

最有名的景点是悬空教堂，因悬于巴比伦堡南门上方而得名。里面殿由13根柱子支撑，据信其中深色的一根代表出卖耶稣的犹大，周围挂了110幅圣像，通过洗礼堂右侧的玻璃地板，能看到下面的水门。这座教堂仍然在使用中，不断有信徒进来添加烛火，气氛活泼而祥和。

往南不远就是建于1908年的科普特博物馆，安检很严，相机和背包需要存放在入口。科普特博物馆虽然规模不及埃及国家博物馆，但管理完善，展品按年代顺序陈列，有编号和说明，包括自托勒密王朝到伊斯兰初期的雕塑、纺织品和壁画墙。从展品可以看出法老艺术逐渐融入希腊罗马元素，演变为独特的科普特艺术的过程。比如一幅"三只老鼠向猫求和"的壁画，就借鉴了西方式的幽默。二楼有些纺织品和珍贵的书籍手稿，最古老的《圣经》，以原始木板为封面的《大卫诗篇》。

本伊兹拉（Ben Ezra）犹太会馆在科普特围墙外面，这里曾发现过很重要的希伯来（Hebrew）文件。后面有口水井，传说先知摩西（Moses）出生后，为避免法老杀害，其母将他装在篮子里放在井水边，被来此洗澡的公主发现带回宫中。所以在希伯来语中，"摩西"的意思是"从水里拉上来"。后来摩西在西奈（Hareh）

开罗，你好！
CAIRO

↑ 开罗大学校园门口，禁止游客入内

埃及，
尼罗河西岸

山与上帝立约，得到上帝颁发的"十戒"，率领以色列人上演了惊天动地的"出埃及记"。

实际上，科普特区是犹太教和基督教共同的圣地，也是埃及宗教和谐的典范社区。基督教、犹太教和伊斯兰教徒都在这里安居乐业，相处融洽。

出了科普特区，经过一个纪念品市场，就能看到阿慕尔清真寺。清真寺本身并无可观，贵在其为埃及第一座清真寺。开罗大学也在老城区，可惜禁止外人进入，甚至校门口都不准拍照。

回到解放广场，在一家旅行社预订了阿思旺到卢克索的四夜五天游轮，包括送我去开罗火车站的车费和火车票共2400埃镑。出来的时候，在街上又碰到阿里先生，大呼小叫地相互问好，然后他再次叮嘱："你要学会对搭讪的人说'不'！"

5.
挡住"十字军"

埃及历史大概分为三个时期，古埃及法老时期、希腊罗马时期和伊斯兰时期。毫无疑问，我参观的重点是古埃及文明。希腊罗马时期的遗迹，主要在地中海城市亚历山大（Alexandria）。至于伊斯兰时期，我们就去造访萨拉丁城堡（Citadel）和伊斯兰社区。

伊斯兰时期，埃及出了个民族英雄，他就是阿尤布王朝的开国君主萨拉丁。其实，他是出生于今天伊拉克境内提克里特（Tikrit）的库尔德人，公元1171年，法蒂玛王朝没落，建立了以逊尼派为主导的阿尤布王朝。

萨拉丁因在阿拉伯人抗击十字军东征时所表现出的领袖气质、骑士风度和军事才能而成为伊斯兰世界最出色的统帅，甚至被西方基督教尊称为"浪漫骑士"。以他为名的城堡就是当年抵御十字军的要塞，此后700年中，这里一直是埃及的权力统治中心。

所有来埃及的背包客，几乎都被出租车坑过，尤其是机场到市

↓ 萨拉丁城堡

↑ 萨拉丁城堡，进入广场即见城墙和碉楼

开罗，你好！
CAIRO

区。但要说这些司机有多坏，倒也未必，一般上车前要求打表，或者说个合理的价格即可。然而，还是有让人哭笑不得的事情发生。出租车几乎都不予找零，所以最好的方式就是准备好散钱，免得麻烦。也许这是埃及人的通病，有次我在必胜客（Pizza）吃饭，应该找我5埃镑，要求几遍，服务员才很不情愿地给我。要知道，当时10人民币可兑换1.2埃镑，5埃镑真不算零钱。

今天也是，出租车司机又不找零，小蓟生气了。司机两手一摊，表示没有，她虽然不乐意，可苦于不懂英语，只好由我代为"发火"。我劝她算了，埃及的出租车就这样。她依然与我同行，反正不与她讨论"民主"问题，就没有争论。

本想早来，以避开旅游团，可惜城堡还没有开门。一个身材高大、穿着蓝色制服的保安微笑着对我说："百科什什？"

"什么？"我没反应过来。

"就是小费嘛，"他伸出手，拇指捻着食指，"9点开门，如果你给我1美元，现在就可以进去。"

我懒得搭腔，等10分钟而已。入口有十几个荷枪实弹、全副武装的保安，他居然在众目睽睽之下说出这番话来，旁边还站着貌似长官模样的人物。虽然埃及"小费文化"盛行，与我们的传统习惯相悖，但工作人员以这种方式索要小费，算什么呢？

伊斯兰教崛起后，基督教深感忧虑。在宗教狂热和东方宝藏的诱惑下，1095年，罗马教皇发动第一次东征，攻破耶路撒冷。因为参加东征的军队由天主教士兵组成,都佩有十字标志,所以称"十字军"。后来英、法等国也加入,1164年侵占埃及,当时身为赞吉王朝(Sulalah Zangid)将领的萨拉丁奉命驰援。1171年,他推翻法蒂玛王朝,建立阿尤布王朝,修建城堡防御,于1187年重创十字军,夺回耶路撒冷和巴勒斯坦。

参观萨拉丁城堡的游客不多,广场前空荡荡的,沙色的、厚重的外墙蜿蜒起伏,一座半圆形碉堡和几棵椰枣树,看起来雄壮苍凉。透过城垛,可以看到阿里清真寺的拱顶和宣礼塔。据说萨拉丁最初计划修建能防护整个开罗的城墙,甚至连吉萨金字塔的石块都拆下来准备派上用场——我现在才知道胡夫金字塔外层剥落的原因。虽然未能如愿,但这座城堡的面积已经足够大,里面有十来座建筑,包括4座清真寺、几座博物馆和宫殿,以及"马穆鲁克大屠杀遗址"。

萨拉丁以为人慷慨和极具骑士精神而著称。1192年,他与"狮心王"理查(Richard)在雅法(Jaffa)狭路相逢,理查的马摔倒在地,萨拉丁给他送去两匹好马。战后两人都病倒,萨拉丁又派医生送水果。之后双方签订和约,穆斯林占有巴勒斯坦内地,基督教徒占有海岸,耶路撒冷向朝觐的基督教徒开放。从11世纪到13世纪,十字军共发动8次东征,除了烧杀抢掠,真正取得的胜利有限,甚至连法国路易九世(Louis IX)也做了俘虏。

穿过城门,发现后面跟上来一个旅游团,有中文导游,便混在队伍里听讲解。他们来自台湾,导游是埃及本地女子,中文很流利。

↑ 阿里清真寺,是萨拉丁城堡内最主要的建筑

埃及,
尼罗河西岸

↓ 阿里清真寺外面的柱廊

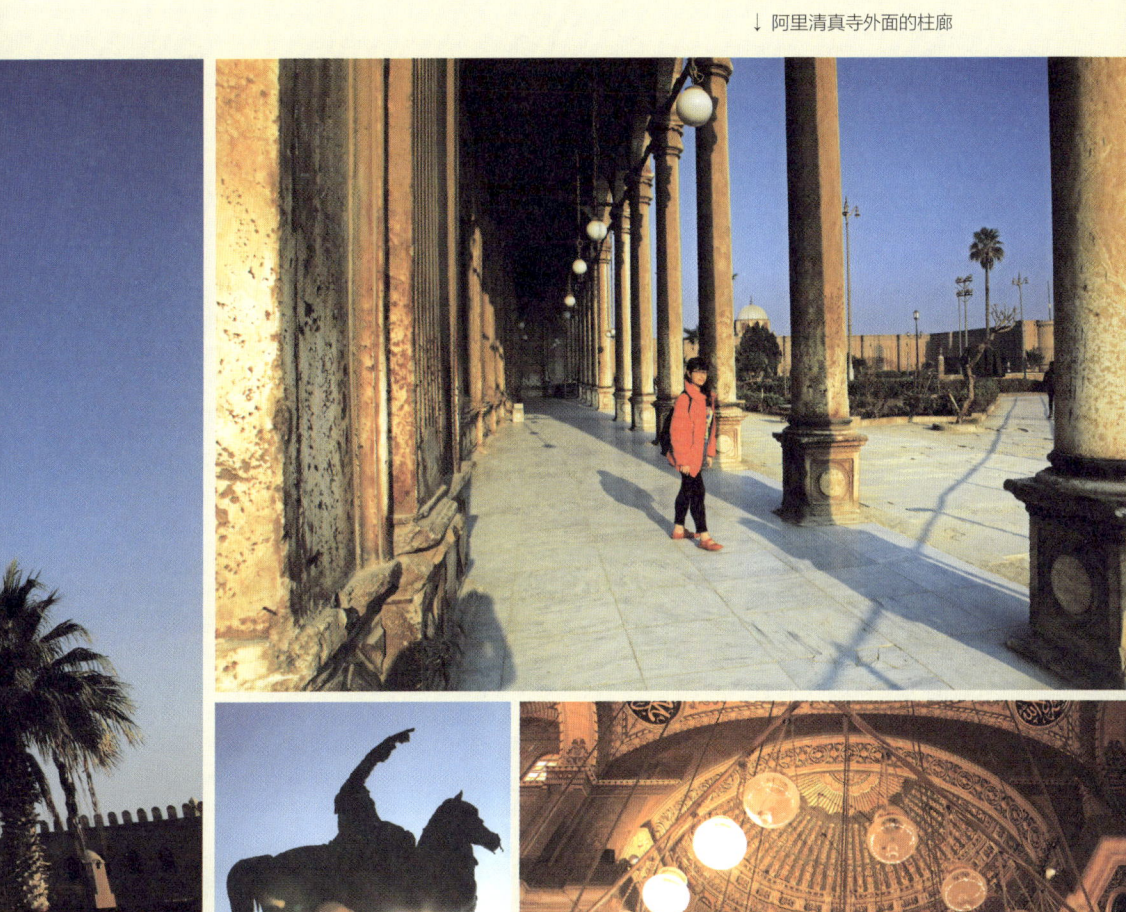

↑ 萨拉丁城堡里面的
亚伯拉罕雕像

↑ 阿里清真寺内部，上千盏枝形吊灯
从屋顶垂下来，如繁星夜空

开罗，你好！
CAIRO

城堡内建于1830年的阿里清真寺最为重要，远远看去，银色的小拱顶围绕中央大拱顶，重重叠叠，还有两座尖细如铅笔的宣礼塔。一位作家写道："雪花清真寺显得卓尔不群，高高的宣礼塔直刺云霄，整体感觉就像一只警觉的胖白猫。"仔细看，还真有点神似。

进门要脱鞋或者换上套鞋，可以拍照。庭院中央是阿里陵墓，正对礼拜大厅的围墙上矗立着一座黄铜钟表。埃及曾将卢克索神庙的一座方尖碑（Obelisk）赠送给法国，如今放在巴黎协和广场，而法国皇帝的回礼就是这座钟。有趣的是，这座钟在运输途中被损坏，几乎没起过作用，到处索要小费的埃及人又赔了一回。

与别处的清真寺不同，阿里清真寺礼拜大厅富丽堂皇，翠绿色的主圆顶缀以金色雕饰，上千盏枝形吊灯从上面垂下来，点缀得清真寺圆顶如繁星夜空。导游让大家坐下来，妙语如珠，细数"回教家史"。她说，对伊斯兰国家来说，清真寺的作用不仅仅是礼拜和传教，更重要的是对教民提供庇护和保佑，即使外面暴乱，清真寺里都永远和平。

相邻的纳西尔·穆罕默德清真寺规模较小，没什么看头。穿过一道门，就是监狱博物馆，此处原为法鲁克（Farouk）时期的军事监狱，有些房间小到人只能站立。我在金边参观过红色高棉的"中学监狱"，与这里差不多，都让人浑身起鸡皮疙瘩。院子里还有座较小的警察博物馆，后面有平台，在此可欣赏开罗城全景。平台下面为城堡的巴卜·阿扎卜（Bab al-Azab）门，曾发生过震惊世界的"马

↓ 纳西尔·穆罕默德清真寺

↑ 尼罗河上能看到岸上的宣礼塔
→ 阿里清真寺内部院落

开罗，你好！
CAIRO

穆鲁克大屠杀"。

中世纪的"奴隶兵"马穆鲁克人取代阿尤布王朝后统治埃及长达300年，到14世纪，当时的埃及一度成为伊斯兰世界的中心，直到被奥斯曼帝国击败。但奥斯曼又扶植了一批马穆鲁克贵族，掌握着埃及的经济命脉。当时在法国人撤退后取得政权的穆罕默德·阿里为解除这个心腹之患，邀请470名马穆鲁克领袖参加他儿子去麦加的践行宴会。"鸿门宴"结束后，预先埋伏的士兵将毫无戒备的马穆鲁克人杀死在通向这道门的巷子里，据说只有一名马穆鲁克人骑马跃过高墙，逃出生天，这情景如同《三国演义》里的"刘皇叔跃马过檀溪"。

政治家为达目的，都心狠手辣，不择手段，除了具有骑士风范的萨拉丁。

开罗号称"千塔之城"，果然名不虚传。满城清真寺尖塔，鳞次栉比，参差错落，尤其近在咫尺的苏丹·哈桑（Sultan Hassan）清真寺学院和利法（ar-Rifai）清真寺，沙色的拱顶与尖细的宣礼塔就像童话世界里的城堡，令人无限神往。有人说天气晴好的时候，在城堡能看到吉萨的金字塔，我觉得除非有一场大雨，洗尽笼罩在城市上空的雾霾，否则绝无可能。

跟着一个非洲旅游团走进国家军事博物馆，可惜只能参观摆在室外的飞机大炮坦克，还有一座"地球上最好的士兵"的雕像。值班军警说里面已经装修了两年，不知道什么年月才能开放。

↓ 萨拉丁城堡里的阿里陵墓

↑ 通往军事博物馆路上的碉楼
← 军事博物馆，亚伯拉罕雕像前来了
　一个非洲团队
← 萨拉丁城堡里面的阿里清真寺

开罗，你好！
CAIRO

史料记载，城堡竣工没有多久，萨拉丁率军出西奈半岛，继续抗击十字军，在大马士革身染黄热病不治而亡，再也没能回到这座以他为名的城堡。当时他仅 55 岁，只留下 1 枚金币和 47 枚银币。

↑ 开罗号称"千塔之城"，从萨拉丁城堡俯瞰，可谓名副其实

埃及，
尼罗河西岸

6.
走进伊斯兰

开罗的城市线条其实是粗放型的，就算穆斯林引以为豪的清真寺，也与别处不同——至少与我见过的波斯建筑大相径庭。宣礼塔、拱顶、院墙、拱廊，甚至蜂窝状的米哈拉布（Mihrab），只有一个字——"土"。这样单调的色彩也自有可爱之处，我们可以毫不费力地用"古拙、质朴"来形容。而如果来到伊斯兰社区，穿过老旧的巷子，就只能说"逼仄、破落"，若再要赞美，恐怕有人会指着鼻子数落我的不实了。

从萨拉丁城堡到哈恩·哈利利（Khan al-Khalili）市场，据说有800余座清真寺，分别建于伊斯兰文明的不同时期。苏丹·哈桑清真寺是开罗最精美的马穆鲁克早期建筑，于1363年由苏丹·哈桑建成。方形庭院有四座拱廊，东拱廊后的米哈拉布两边是偷来的十字军圆柱，右侧青铜门通向苏丹大理石衣冠冢。墓碑记载，该冢建于1384年，即苏丹被暗杀23年后。哈桑13岁即位，后被废黜，又复位，起起伏伏，如是者有三，最终在清真寺竣工前遇害。

开罗，你好！
CAIRO

← 哈恩·哈利利市场人来人往，热闹非凡
↓ 哈恩·哈利利市场里各种各样的小金字塔模型

↖ 哈恩·哈利利市场上的陶人乐队
← 哈恩·哈利利市场头顶重物的伊斯兰妇女

埃及，
尼罗河西岸

马穆鲁克是个非常奇特的政权组织形式。在军队中选择国家领导，而军队领导则为奴隶出身。多数情况下，前任苏丹还没有死，就已经被阴谋废除。

清真寺的后面有4座讲堂和1个内院，组成苏丹·哈桑清真寺神学院。南面的宣礼塔高达85米，相当于30层大楼，为开罗最高。据说清真寺在施工期间，一座宣礼塔坍塌，砸死300多人，造成一场惨剧，不知道真主为什么发火？

对面仿照苏丹·哈桑清真寺而建的利法清真寺比较年轻。现代埃及王室成员，包括伊斯梅尔·帕夏和法鲁克，以及客死开罗的伊朗末代国王巴列维（Mohammad Reza Pahlavi）都葬在里面。我去过伊朗巴列维的王宫，1979年伊斯兰革命时期被迫出走，没想到他最终却在这里安息。

别过"双胞胎"清真寺，钻入迷宫般的巷子，这才深入老开罗普通人的生活里。伊斯兰社区的民居大概都有几百年历史，像火柴盒，层层叠叠，杂乱拥挤。狭窄的巷子两边尽是杂货店、咖啡馆、铁匠铺，叮叮当当，熙熙攘攘，混杂着放肆的叫卖声。偶尔看到稀疏的绿色，在土黄色的世界里，竟显得异常珍贵。

埃及人称中国为"希尼"（Sinim），即古希伯来语"秦"的对音，碰上不谙英语的埃及人问候，只要说"希尼"，他们立即心领神会，反正他们的第一句问候总是"你从哪儿来"？

埃及咖啡馆就像中国的"兰州拉面"，到处都是。因为娱乐场

↑ 苏丹·哈桑清真寺和利法清真寺

埃及，
尼罗河西岸

所不多，咖啡馆就成为街坊邻里休闲和八卦的地方，在伊斯兰社区尤为常见。一张圆形或方形的高脚桌旁边通常坐上三四人，显得拥挤而富有人情味。有些小店将桌椅搬出门外，不论白天还是黑夜，总能看到细啜慢饮的当地人。其实，和穿着长袍子（Galabeya）的埃及人神聊一番，才能感受到伊斯兰社区特有的韵味。

穿过街区，来到伊本图伦（Ibn Tulun）清真寺，可惜今天礼拜日，不对外开放。我便打车去爱资哈尔（al-Azhar）清真寺。

这座清真寺建于法蒂玛王朝时期，原为伊斯兰什叶派的高等学府——爱资哈尔大学，后来随着权力更迭，成为逊尼派学术中心。现在清真寺和大学已经分离，东边宽敞的校园仍然是最具声望的逊尼派神学院。

爱资哈尔清真寺正在修缮中，但仍然能看到宽敞的庭院、干净的地板、漂亮的米哈拉布和精美的大理石柱。与墙外的喧嚣完全不同，似乎来到另一个世界，难怪有许多人坐在地板上休息、看书。

出爱资哈尔清真寺，经地下通道过马路，就是侯赛因（Imam Hussein）广场。这里曾是马穆鲁克时期的城市中心，现在依然热闹非凡，如同广州的"上下九"。广场东侧是侯赛因清真寺，建筑年代较晚，祭坛下埋着先知穆罕默德的外孙侯赛因的头颅。

公元680年，侯赛因对当时继任的哈里发（Khalifah）不服，以库法（Kufah）为中心的什叶派拥他为哈里发，而后他与家属80余人离开麦地那（Madina），行抵伊拉克境内的卡尔巴拉（Karbala）

开罗，你好！
CAIRO

↑ 建于法蒂玛王朝时期的爱资哈尔清真寺，原为伊斯兰什叶派的高等学府

埃及，
尼罗河西岸

↓伊斯兰社区街头，左边是伊本图伦清真寺

↑爱资哈尔清真寺，两个伊斯兰女学生正在这里学习

开罗，你好！
CAIRO

时，遭倭马亚王朝4000骑兵追击，侯赛因一行全部战死，他的首级被传来传去，最后葬在这里。在他之后，什叶派与逊尼派冲突不断，战事不断。

侯赛因清真寺允许游客进入，里面空间宽敞，人满为患。有的坐着，有的站立，或学习，或祈祷，有些甚至呼呼大睡。

西边就是著名的哈利利市场，据说有4000多家摊位，而且老板多数会说几句中文，地毯、香水、雕刻等商品琳琅满目，应有尽有。蜿蜒曲折的街道上人来人往，摩肩接踵，夹杂着许多中国游客。听说这里商人要价奇高，但现在似乎诚实许多，店员并不十分纠缠。本来准备好和"奸商"们斗智斗勇，结果他们一副爱买不买的样子，倒让人失了锐气。

熟悉埃及情况的人提醒，这里八九成的商品是来自中国的义乌货。果然，满街的商品似曾相识，也许只有纸莎草画是埃及本土产品。我在一家店铺里看到《美杜姆群鹅图》，画面中6只鹅，3只头朝左，3只头朝右，左右对称，我曾在埃及国家博物馆里见过这幅画的实物。老板耐心地为我讲解画中的奥妙，说这鹅分别代表国王、贵族和平民。古埃及壁画比较程式化、图解化，人物大小依社会地位高低而定，头部侧面，眼睛正面，绘画不讲透视，一切平面化。

纸莎草状如芦苇，盛产于尼罗河三角洲，茎三角形，高约5米。使用时先剥去外皮，用小刀顺草生长方向切割成长条，横竖互放，用木槌击打，使草汁渗出。干燥后，这些长条便永久地黏在一起，

↓ 纸莎草画，著名的《美杜姆群鹅图》

↑ 纸莎草画，竖琴，传到中国后叫"箜篌"

开罗，你好！
CAIRO

最后再用浮石擦亮，便成为当时最先进的莎草纸，比蔡伦纸早1000多年。但是，莎草纸只是对植物粗加工，不能算真正的纸张。因为无法折叠，不能装订，古埃及人将许多莎草纸片粘成长条，书写后卷起来保存。

埃及莎草纸一直使用到公元9世纪，最后被从阿拉伯传入的廉价纸张代替，制作莎草纸的技术也因没有记载而失传。直到1962年，曾任埃及驻华大使的工程师哈桑·拉加卜（Hassan Ragab）利用1872年从法国引种的纸莎草，重新发明了制作莎草纸的技术。在莎草纸上书写的墨通常用燃灯产生的烟黑混合树胶制成，有人说，这种墨"很黑也很耐久，但它不渗入莎草纸或羊皮纸中，因此很容易被擦去，这便开启了造假之门"。

老板看我心动，又拿出尺寸更大色彩更艳的一幅，我便果断买下。在包装时，老板特意放进去中文版的合格证书。这些家伙，恐怕是最见多识广的埃及"奸商"，真是琢磨透了中国人的心理。我看过一本几年前的埃及游记，作者深信，假以时日，埃及人看到东方面孔，用到的第一个单词肯定是"China"，没想到这么快就实现了。

哈利利市场门口就是著名的费萨维（Fishawi）咖啡馆，里面烟雾缭绕，古色古香，似乎带着阿拉伯中世纪的生活气息。据说作家马哈福兹（Naguib Mahfouz）经常来这儿找灵感，店里至今还保留着他的相片。咖啡馆生意兴隆，挤满了人，闹哄哄的，就像广东的茶市。转了一圈儿，没找到位置，只好在外面"找灵感"。

↑ 侯赛因清真寺的一座宣礼塔

开罗，你好！
CAIRO

市场东边就是埃及的"死人城"——"卡拉发"（al-Qarafa）公墓群，墓宅是按照民居风格来建造，有院落、围墙、大门、房屋和墓室。"死人城"地下埋着死人，地上住着活人，其间混杂着许多清真寺、修行所和杂货店，是开罗著名的贫民区，条件奇差，犯罪猖獗。其实，市场东南还有一座"死人城"，规模较这座小。

回到侯赛因清真寺广场，找到一个人多的餐馆吃晚饭。埃及人用餐颇为小资，服务员会在桌边放一瓶翠绿的什么菜，我初以为可以佐餐，问过才晓得只做装饰。不过，我的鸽子饭配了一碟蔬菜，有黄瓜条、西红柿和生菜，而主食是整只鸽子，体内塞满小麦、大米、香料和碎羊肝。服务员表示鸽子是用炭火烧烤而成，可连骨带肉一起吃，味道确实不错。但我不喜欢蘸有馊水味儿的酱料，便以新出锅的馕饼来佐餐。

其实，在我看来，埃及人的革命和暴乱，归根结底，是因为没有足够的馕饼享用。

一个小贩过来，手上挂着一只银色手镯：

"50人民币。"他居然会说中文。

"谢谢，但我不需要。"

"20人民币？"降价速度太快了。

"……"我摇头。

"20埃镑，"他又拿出一枚戒指，"两个，两个20埃镑？"

我端起碟子请他吃馕，他才转身离开。

阿思旺与努比亚
ASWAN

2.

阿思旺
与努比亚
ASWAN

1.
搭上火车去南部

开罗著名的拉美西斯火车站真是个奇葩。贵为城市交通枢纽，高架桥与主干道在这里纵横交错，人流车流，喧嚣吵闹。到处乌烟瘴气，混乱不堪，肮脏的路面在暗淡的灯光下根本看不清本来的颜色。但车站本身独具特色，如果不是这座融合了伊斯兰风格和古埃及元素的现代建筑，只看汹涌的人潮和满地的垃圾，我甚至怀疑是不是来到了难民营。

旅行社的小伙子将我们送到站台就走了。对于"老外"来说，埃及列车就是个"三无产品"，很难搞清时间车次。反复向当地人打听，才知道我们的火车已提前进站。头等座值132埃镑，车厢很宽敞，座位按"2+1"排列，可调整角度。靠椅似乎从来没有洗过，布垫子油光发亮，想来曾得到千百人的"恩宠"。听说卧铺比较舒适，需100多美元，与飞机票价格差不多；二等座较为便宜，但不卖给外国人，头脑灵活的背包客能找到当地人代买，或"先上车再补票"，

阿斯旺与努比亚
ASWAN

也能行得通。

我坐前排，正对着车厢里的两幅装饰画，分别是"吉萨金字塔"和图坦卡蒙的"黄金面罩"。这两幅画是埃及的招牌，也是埃及旅游的标志。我们不妨揭开这历史的"面罩"，认识认识古埃及那些曾经叱咤风云的"大V"。

金字塔不是埃及最早的历史遗迹。公元前3100年，统一上下埃及、定都孟菲斯的纳尔迈才是古埃及文明的创始人。"纳尔迈"调色板上有他的形象，直到现在，纳尔迈饰有眼镜蛇和兀鹰的红白双色王冠依然是埃及的象征。考古推断，传说中的"蝎子王"美尼斯就是纳尔迈，他在位26年，在一次打猎中身亡，也有说他是被河马咬伤致死或被蚊虫叮死。而在影片《木乃伊归来》中，因为战争，"蝎子王"将命赔给了死神阿努比斯。

胡夫（Khufu）为世人所景仰，缘于举世无双的"胡夫金字塔"，而鲜有人知他是第四王朝的法老。胡夫只留下一尊7.5厘米高的雕像，表情很委屈，似乎谁抢走了他的奶酪。

哈特谢普苏特（Hatshepsut）是埃及历史上第一个女法老，颇受争议。有人说她心狠手辣，摄政篡权而取代"侄子"；也有人说她是个明君，政绩卓越。据说她在位期间古埃及社会稳定，是首先不建金字塔而挖墓穴的法老。现存她的雕像，都是带着假胡须的"女汉子"。她统治时期约为中国的商代，2000多年后，中国出了个女强人武则天，堪与其相提并论。所以，埃及导游会说，她是埃及的武则天。

第十八王朝的法老阿蒙霍特普四世是个异端，他在位时，见不得阿蒙祭司侵吞财富，一改多神信仰，独尊太阳神阿顿（Aten），自己也改名为阿肯纳顿（Akhenaten），从"阿蒙的仆人"变为"阿顿的光辉"，迁都阿玛纳（Amarana），连墓地都建在尼罗河东岸，可惜其宗教改革随着他的离世而结束。开罗国际机场有他的头像，有一张削瘦的刀条脸——让我想起经常整蛊我的初中同学。在祭拜太阳神的壁画中，阿肯纳顿相貌怪异，四肢细长，腹部膨大，像只袋鼠。他的王后奈菲尔提提（Nefertiti），被誉为古埃及最美的女人，埃及国家博物馆有她的头像。

图坦卡蒙是阿肯纳顿和他一个妹妹所生的儿子，他对世界最大的贡献就是其陵墓及价值连城的随葬品被发现。图坦卡蒙的黄金面罩看上去很清秀，但现代科技根据木乃伊还原了他的容貌，发现图坦卡蒙"马脸龅牙，畸足丰臀"，丑"毙"了。

第十九王朝的拉美西斯二世是古埃及历史上最英明神武的法老，在位 67 年，活到九十来岁，这本身就是个传奇。他的一生可谓征战的一生、建造的一生，与赫梯帝国签订了人类历史上第一个和平条约，留下许多著名的建筑，如阿布·辛贝（Abu Simbel）和卢克索的拉美西斯神庙，他在位时还出了个犹太圣人——摩西。拉美西斯二世的前半生是战士，后半生为神王，许多壁画中有他站在战车上挽弓搭箭的三维立体像。这个时期的中国才刚步入西周，没

阿思旺与努比亚
ASWAN

有值得夸耀的人物。

第二十六王朝之后，埃及被波斯帝国统治近两个世纪，直到马其顿国王亚历山大（Alexander）横扫西亚。亚历山大征服埃及后，为了争取民心，自称太阳神阿蒙的儿子。亚历山大死于远征印度途中，遗体被其部将托勒密（Ptolemy）运回亚历山大。当时遥远的东方，秦灭六国，步入"大一统"时期。

大名鼎鼎的"埃及艳后"克丽奥佩特拉（Cleopatra）因为好莱坞推波助澜而广为人知，她是古埃及最后一位女法老，智慧过人，周旋于罗马统治者之间以保全埃及。不过，恺撒骂她是"多代近亲通婚所生的白痴，先人是只会吹笛子的醉酒佬"。克丽奥佩特拉最后兵败，以一条小毒蛇咬噬而自杀身亡，也有说她是被屋大维（Gaius Octavian Thurinus）害死的。

埃及伊斯兰化后，前后依次出现了萨拉丁、穆罕默德·阿里、纳赛尔（Nasar）等重要人物。萨拉丁是埃及的民族英雄，为整个伊斯兰世界所尊崇；阿里在拿破仑撤兵后上台，使埃及摆脱土耳其的控制，被称为"近代埃及之父"；纳赛尔建立埃及共和国，修筑阿思旺大坝，是现代埃及的"国父"。

古埃及人的名字多为表意短语，自然也谈不到姓，如"图坦卡蒙"，意为"阿蒙的形象"，"拉美西斯"，意为"拉神的儿子"。据说法老有5个名字，其中一个必须秘而不宣。埃及伊斯兰化后，埃及人开始使用阿拉伯姓名。

火车在暗夜中穿行，一片昏暗之中，只能听见铁轨与车轮撞击的"咣当咣当"声，某一瞬间，我感觉仿佛要穿越回古埃及。窗外的灯光偶尔掠过，车厢内一片斑斓，但瞬即消失，不留任何痕迹。回头打量，乘客们都已经悄然睡去。

阿思旺与努比亚
ASWAN

2.
穆斯林兄弟会

邻座响起轻微的呼噜声,一个身材魁梧的汉子头歪在靠背上酣睡,嘴角的哈喇子几乎要掉下来,看上去极不舒服。列车停靠的时候,他醒过来,抬头看到我,不好意思地笑了。

他会说英语,先来个埃及式的"打招呼三部曲"——从哪儿来、姓名、欢迎。这先生的名字居然叫"鹰"(Eagle),我以为是开玩笑或者随口敷衍,结果他认真地说:"并不是每个人都叫穆罕默德,我的名字确实叫'鹰'。许多埃及人会给自己取个有意思的名字,比如以水果、咖啡、动物等为名,甚至还有叫'尼罗河'的!"

好吧,真长见识。

上埃及的象征就是兀鹰,即奈库贝特女神。我不知道"鹰"的阿拉伯语发音,姑且按英语读法,叫他"鹰"先生吧。他是努比亚人,有黑褐色的皮肤,大约三十来岁,在开罗某大公司工作,因为有十几天假期,所以要回阿思旺老家。列车明天下午才能抵达终点,漫漫长夜，与"鹰"为邻，缘何不喜？于是我便和这个努比亚人有一搭没一搭地聊起来。

我试探着问他的工资待遇，他说，现在这份工作还不错，月薪1000多埃镑。他以前曾做过旅游警察，每月只能拿到几百埃镑。我大为惊讶。金字塔下面骑着高头大马的警察看起来威风八面，没想到收入居然如此低。

我问他对埃及局势有什么看法，他说："能有什么看法？以前希望穆尔西能够改变埃及，结果我们的日子越过越难，还不如穆巴拉克时期。现在你看，火车都空着，你们都不敢来了。"

确实，在开罗的这几天，除了叽叽喳喳的中国团队，其他国家的游客不多。现在正是埃及的旅游旺季，可即使游客非去不可的吉萨金字塔和国家博物馆，也不再有排队的现象，听说以往进入胡夫金字塔的队伍排成长龙，而现在门可罗雀。

"我们不是来了吗？"我笑着说，"穆尔西可是你们自己选的啊。"

"欢迎欢迎！"他重复着，眼神温和而真诚，随即两手摊开，表示无可奈何，"我们当时只能选他，没有比穆尔西更合适的人了。"

埃及10%的人口依赖旅游业为生，革命爆发后几年来，旅游业遭受重创。埃及是个年轻人居多的国家，随着革命的进行，失业率曾达到惊人的13%以上，而埃及妇女多数不工作，并未计算到劳动人口里。埃及的政治团体都没有执政经验，拿不出重振经济的方案，

阿思旺与努比亚
ASWAN

而有经验的候选人来自旧军政系统，民众前怕虎后怕狼，还真放心不下。

"我们的习主席来了，和你们的总统在商量怎么做生意呢！" 2016年1月20日，习近平抵达开罗对埃及进行国事访问。

"不知道塞西能不能赚到你们的钱。"他伸出手，边用拇指捻着食指边说。

"一定能。"埃及人其实挺喜欢聊政治。

夜深了，困意逐渐袭来，我于不知不觉中沉入梦乡。

醒来的时候，阳光洒满车厢，偶尔照在身上，让人觉得分外舒坦。窗外不时掠过高大的椰枣树、翠绿色的甘蔗林、土黄色的房子。有趣的是，这些三四层高的楼房，里面分明住了人，但几乎都没有完工，屋顶开放的水泥框架和钢筋非常刺眼，满眼无穷无尽的"烂尾楼"。我记起来，印度私家住宅也是这般模样。

"鹰"先生正在喝茶，他笑着说："因为封顶就算完工，完工就要缴税。"

"缴多少？"

"这可说不准，要按地价。"他说了一组数据，我只记得有土地税、市政税、治安税等，名目繁多。他接着说："还有个重要原因，上面可以继续加盖。"

"哈，这倒是个好主意。"

"父亲修两层自己住，儿子想自己住，就再往上加。"他两手重叠起来比画着说。

"你们家的房子也这样吗？"

"是，我准备多盖几层，直到像开罗塔一样高。"他说了很多个"Many"。埃及人生性乐观，由此可见一斑。开罗塔在尼罗河扎马利克（Zamalek）岛上，仿照上埃及的象征——莲花建造，塔高187米，相当于60层楼高，甚至高于胡夫金字塔。

原来埃及和印度遵循同一个模式：私人住宅竣工才需要纳税，如果没有完工，自然不用缴纳税赋，所以这些房子永远处于"烂尾"状态。一旦房价上涨，穷人们还可以在父母的房子上加盖一层以求安居，算是两全其美。奇怪的是，政府明知这是一种避税策略，但却无计可施。可是既然没有办法，为什么不干脆免掉这笔税收呢？至少可以保证市容整齐好看啊。

"你在开罗有房子吗？"这个问题有点突兀，但我还是提出来。

"没有，房价太贵，非常非常贵。"他摊开两手，用了好几个"very"来强调。

"大概什么价钱？"

"老城区四五千埃镑，新城区八九千或者超过一万。"

我怕吓着他，没敢说中国的房价。因为两人英语都不是太好，我们的聊天手舞足蹈，夹杂许多肢体语言，甚至还需要用手机找单词，惹得列车售货员倚在门口观望，偶尔还会插上几句，气氛热烈而友好。

阿思旺与努比亚
ASWAN

终于到了阿思旺，"鹰"先生打了个招呼就消失在人群里。我等了将近一小时，旅行社才派人将我接到游轮上。然而，这艘游轮半夜就出发，与我的行程根本不搭调。费尽周折，又换了个留着"狗粪底儿"头的矮胖导游，将我带到另一艘游轮上，约好第二天下午2点游览阿思旺。

3.
戴手铐的年轻人

天哪！清晨的尼罗河美得几乎让我尖叫起来，这种视觉的享受简直难以言表。

浅蓝色的水面像镜子般平静明亮，又如丝绸般光滑柔顺，仿若风姿绰约的美人，正在向你抛出那勾魂的媚眼儿。河里的船只还在睡梦中，水中央有片洲渚，如鳄鱼神一样静静地潜伏着，能看得见象岛以及上面的建筑；对岸是一片棕榈林，再过去为暖黄色的沙山，顶端高高的阿迦汗（Aga Kha）王陵酷似碉堡。这会儿，太阳刚刚出来，正好将西岸照得格外清晰，明暗对照，真是让人着迷。

一队白色的鸥鸟飞过来，飞过去，反反复复，不知道在寻找什么。偶尔也有落了单的，站在甲板的护栏上，歪着脑袋注视我，仿佛在问："先生，您从哪儿来啊？" 如果一定要回答，我会指着太阳升起的地方告诉它："遥远的东方，古老的中国！"

早起的欧洲人似乎不在意风景，跑到甲板上弯腰伸腿，开始锻

↑ 清晨的尼罗河风光旖旎，真是让人着迷

埃及，
尼罗河西岸

炼。游轮停泊在尼罗河东岸,明晚出发前往卢克索,所以我在阿思旺有两天的时间可以停留。游轮有严格的用餐时间,分别是6点、12点、18点,在16点有下午茶,晚间会安排娱乐节目。

尼罗河的清晨如此旖旎,如此多姿,正好可以当作早餐前的甜点。这个季节,阿思旺的清晨略显清冷,有风吹过的时候,就算穿着外套,还是能感觉到寒意。甲板上的人越来越多,多为中老年游客,看着这些金发碧眼、大腹便便的欧洲人走来走去,我不由得笑了。这情景,与《尼罗河上的惨案》中的场景何其相似?只是我当然不希望这班游轮上发生命案。

早餐过后,我准备去探访阿思旺的巴扎(Bazaar)。游轮通往岸边的门口坐着个保安,他递给我一个牌子,祝我玩得愉快。上岸就是阿思旺市中心,迎面一栋烂尾楼,防护用的篷布破成一条一条,挂在脚手架上,似乎刚刚经历过战火洗礼,凌乱不堪。

阿思旺是努比亚人的聚居地,位于尼罗河"第一瀑布"以北,是古埃及南部边防城市,也是古埃及人和努比亚人进行贸易的重镇,"阿思旺"即为古埃及语"贸易"的对音。努比亚人与古埃及人同祖同宗,所以阿思旺被视为埃及的摇篮,也有研究认为现在的努比亚人最接近古埃及人。

沿着水滨路(Corniche an-Nil)南行不远是肿瘤医院,再前行是火车站。不断有小贩、掮客、马车夫纠缠,颇让人头疼,感觉比开罗变本加厉,而路上荷枪实弹的警察,就那么笑呵呵地看着他们

阿思旺与努比亚
ASWAN

← 清晨，巴扎门口

↓ 阿思旺的巴扎门口

埃及，
尼罗河西岸

不停骚扰我。反正只要没有"恐怖分子",他们就能笑出来。

为了摆脱无穷无尽的"热心人",我从火车站广场拐进苏克大街(As-Souq),耳根子才算清静下来。显然,"拉客仔"只专注于水滨路和游轮码头。

说起来难以置信,埃及约有四分之一国民是文盲,女人和南部尤其明显。相对开罗,南部阿思旺显得更加传统。女人穿穆斯林传统的黑色"布尔加"(Burga),男子多数身着阿拉伯长袍(Galabeya)。他们或在街头闲谈,或在门口喝茶,或赶着毛驴车送货,看起来活泼而古朴,组成了一幅阿拉伯风情画卷。

巴扎里多数店铺已经开始营业,地毯、服饰、咖喱粉、藏红花、香料、香精,琳琅满目。埃及是最早使用香精的国家,有人说,"没有埃及的香精就没有法国的香水",尤其阿思旺的香精最为有名。据说往常这里游人如织,现在却稍显冷落,也许时间尚早?埃及人的月平均工资只有1000多埃镑,但物价奇高,与之不成比例。以我的消费经历来估计,埃及物价比广州略低,和中国内地城市相当,一份普通麦当劳套餐需要30多埃镑,一份鸽子饭套餐将近60埃镑。

一幢白色的楼前停着几辆野战车,许多全副武装的军人在持枪警戒。我准备拍照,立即有人打手势制止,我只好站在旁边观看,一辆敞篷车上跳下四五个戴着手铐的年轻人,被后面的军人簇拥着走进门内。这场景看得我心怦怦直跳。问围观的老人,也许不懂英语,他摇了摇头,没有搭腔。一位看热闹的老兄插嘴:"他们是穆

阿思旺与努比亚
ASWAN

→ 阿思旺街头的行人
↓ 阿思旺街头，一匹马受惊了

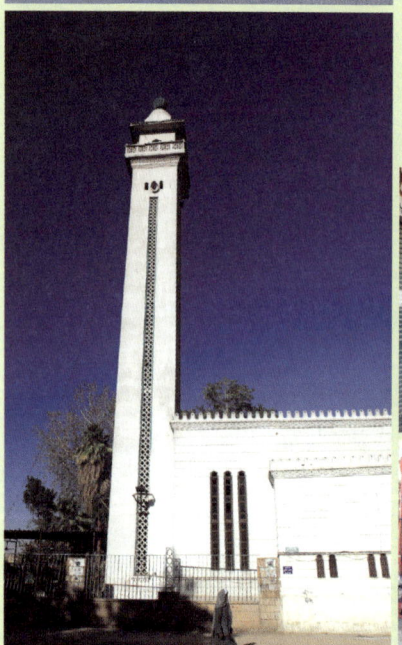

← 阿思旺街头，一个穿阿拉伯长袍的人走过
↓ 几个当地人迎面而来

↗ 喝早茶的当地人
→ 阿思旺街头牵马的人

埃及，
尼罗河西岸

↓ 一个老人在他的店铺门口

↓ 阿思旺法院门前，一个路人匆匆走过

↑ 阿思旺街头

阿思旺与努比亚
ASWAN

斯林兄弟会的人。"他边说边指了指大楼外墙上的天平浮雕。我才看清这里是阿思旺法院。

法院对面是白色的科普特教堂，非常气派。穿过马路有座宫殿式的粉红色建筑，两个穿着阿拉伯长袍的人正在门前聊天，这就是著名的"老瀑布饭店"，英国作家阿加莎·克里斯蒂（Agatha Christie）在此完成了名作《尼罗河上的惨案》。来访埃及的各国名流政要多下榻于此。

终于走到努比亚博物馆，门口保安都佩带枪支，安检很严格。博物馆里主要展示努比亚的历史遗物和文化艺术，也有部分科普特与伊斯兰的文物，以纪念被纳赛尔水库淹没的村庄。

"努比亚"本义为"云彩"，象征美好，也有说来自古埃及语"金"（Nub）。或许因为这个说法，中国人以"努比亚"作为手机品牌，销售势头很旺，在国内有"国母手机"之称。但很少有人知道，努比亚是尼罗河畔的文明古国，有自己独特的传统文化。

所谓努比亚，指阿思旺到苏丹（Sudan）喀土穆（Khartoum）之间的尼罗河沿岸地段，历史上属库施王国（Kush）。库施王国一直被古埃及欺侮，连壁画上的努比亚人都以被征服者的形象出现。但在公元前751年，努比亚人咸鱼翻身，征服埃及，在孟菲斯建立第二十五王朝，统治持续88年后，迁都麦罗埃（Meroe）独立发展。

博物馆内有几只6000年以前的陶碗，上面绘着狮子、瞪羚、野兔及人们带着狗挽弓打猎的场面——怪不得努比亚被称为"弓箭

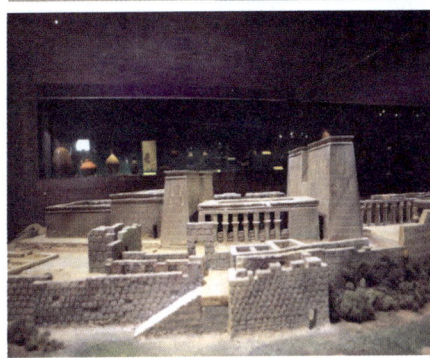

↑ 著名的老瀑布饭店
← 努比亚博物馆里的菲莱神庙模型
↓ 努比亚博物馆里的木乃伊

阿思旺与努比亚
ASWAN

→ 努比亚博物馆里有着
　四千多年历史的盘子
↓ 努比亚妇女雕像

→ 努比亚博物馆里一尊第二十五王
　朝时期的阿蒙神祭司雕像，为典
　型的努比亚面孔

← 努比亚军队模型
↓ 法蒂玛陵墓

↑ 努比亚妇女雕像

埃及，
尼罗河西岸
086

手的国度"（Ta-sety）。从这些遗存可见努比亚人确实善射，而且6000年前已开始养狗。这些陶碗与中国出土的"人面鱼纹彩陶盆"制造年代相当，但画面更为细腻生动，贴近生活，也更容易理解。还有一尊第二十五王朝时的阿蒙神祭司雕像，长着典型的努比亚面孔，相对于古埃及人更显得非洲化。

努比亚人肤色黝黑，头发卷曲，和阿拉伯人完全不同。他们相互间交流时说努比亚语，但没有文字。服饰大红大绿，华丽夸张，而性格比较内敛。努比亚人的房子颇有意趣：用泥砖建造，墙壁多绘画，有长羽毛的四角动物或者花鸟虫鱼，色彩明艳，质朴古拙。

参观完法蒂玛墓地和未完工的方尖碑，准备回程。出租车居然开价50埃镑，我不理他，回头就走，任其在身后呼喝。正好有过路的公交车，我被售票小哥一把抓上去，到火车站才1埃镑！

↓ 努比亚博物馆里的一头骆驼

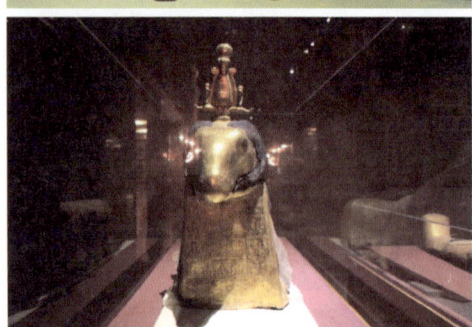

↑ 努比亚博物馆里珍藏的原始岩画
← 努比亚博物馆里一个做成公羊头的木乃伊

→ 努比亚博物馆里法蒂玛陵墓模型

埃及，
尼罗河西岸

4.
两万只鳄鱼

古埃及人有自己的创世说,他们认为世界有始无终,原为混沌,经创世神的重新构建,才获得新生。他们坚信,世界循环往复,永恒不变。所以古埃及人更看重来世,他们认为活着的意义是为来世而奋斗,因为他们相信今生努力,来世就能够获得永生。

留着"狗粪底儿"发型的导游来了,迟到了半小时,他带我去参观阿思旺高坝和菲莱(Philae)神庙。

几千年来,古埃及和努比亚以第一瀑布为界,埃及一侧土地优良肥沃,努比亚一侧崎岖坎坷,土地多不宜耕种。人们通常将第一二瀑布间称为下努比亚,第二六瀑布间称为上努比亚,即库施王国。随着1956年苏丹独立,曾经的文明古国努比亚被分给了两个国家。

"狗粪底儿"就是典型的努比亚人,年届四十,胖墩墩的,腿短身长,走起路来像只移动的萝卜。他不知从哪儿招揽到十余名南美游客，加上我和几个当地人，组成一个团，前往阿思旺高坝。

纳赛尔修建阿思旺高坝时，曾遇到政治和工程难题，甚至引发苏伊士（Suez）危机，最后苏联人伸出援手，高坝才于1971年竣工。高坝的建成改变了历史，下努比亚的村庄几乎全部被水淹没。在国际组织的帮助下，下努比亚的部分古建筑被转移到高点儿的地区。努比亚人牺牲了自己的利益，被迫搬迁到地势更高的北部，重新按照自己的民族传统建造村庄，从而形成了努比亚语地区，比如象岛。而那些古老的努比亚的遗存，则永远被尼罗河水淹没。

阿思旺的局势似乎比开罗更为紧张，沿途三步一岗，五步一哨，步步惊心，简直好像陷入了临战状态。和平时期，普通人很难见到真正的战争场面，岗楼堡垒和武器装备还是让人颇感好奇。岗楼高五六米，里面可供一人容身，上面有瞭望孔和射击孔。样子看起来很不结实，估计只能防轻武器，如果是迫击炮之类，一发过去就能连根端了。还有一种可移动的类似盾牌的单兵掩体，放在地上，人可以躲在后面射击，但显然对手雷无效。

今天的努比亚人基本接纳了阿拉伯文化，努比亚语依然存在，但在书写时都使用阿拉伯字母。这个与古埃及人斗了几千年的民族，按理应该创造过辉煌，可惜没有留下文字记录，存世遗物也不多，最后被殖民者分解。其实，他们比古埃及人幸运，虽然多数人信仰伊斯兰教，但至少他们现在还被称为努比亚人，依然保留着自己的传统和文化，能够在院墙外挂上鳄鱼标本表示自己的民族属性，而古埃及人则已不知归于何处。

从市区到高坝约有13公里，但要经过好几个检查站才能到。售票处旁边的亭子里有介绍水坝的展品，西边是纪念苏埃友谊与合作的纪念碑。全副武装的军人走来走去，守卫严密，所以拍照是件需要谨慎的事情。也怪不得埃及人如此警戒，如果高坝被炸，洪水将一泻千里，直接冲到开罗。

修建高坝可以说是古埃及最伟大的工程，所用的材料是建造胡夫金字塔所需的18倍。尼罗河水回流500公里所形成的纳赛尔水库是全世界最大的人工湖，也是尼罗河鳄鱼的天堂。据埃及环境事务局鳄鱼管理处称，湖里鳄鱼多达2万只。宽阔深蓝的湖面波光粼粼，水波浩渺，近岸如鬼魅般的巨石和远处无边的沙漠，使纳赛尔湖显得苍凉壮阔，有一种颓废而伤感的美。因为水量随季节变化，努比亚村庄搬离，这里被过往的候鸟看中，成为它们的休息站。湖岸边栖息许多动物，湖里除了尼罗鳄，还生活着其他多种鱼类。纳赛尔湖还养育了5000多名渔民，他们每年要花6个月时间在湖里捕鱼。

高坝带来的效益显而易见。据统计，水库至少使埃及的耕地面积增加30%，电力供应翻番。20世纪80年代尼罗河流域曾遭遇严重旱灾，苏丹和埃塞俄比亚都发生饥荒，埃及却因高坝而幸免于难。当然，高坝也带来一些问题，尼罗河再也不能带来肥沃的泥土，过度使用化肥导致土壤盐分增加；地表水位增高使近岸的古建筑受到

阿斯旺与努比亚
ASWAN

威胁，而且因为地表积水，给周围居民带来血吸虫病。

　　阿斯旺高坝给游客活动的区域很有限，但难不住性情奔放的南美人。他们变着法子组织大家合影留念，直到"狗粪底儿"过来催促，大家才上车前往菲莱（Philae）神庙。

↑ 努比亚人的住所，墙壁涂鸦别具一格

埃及，
尼罗河西岸

5.
女神的战争

古埃及文明逆尼罗河而上,从北往南发展。与黄河对于中国的意义一样,尼罗河是埃及文明的摇篮,埃及所有的历史与神话都围绕尼罗河展开。然而,当第一瀑布附近的阿思旺地区得到开发时,埃及的历史已经越过新王朝,进入希腊化时期。

神庙是众神在人间的居所。古埃及到底有多少神?答案是——2000多位,每个地方、每个时期、每个朝代都有各自的神。通常法老和祭司会夸饰自己所尊崇的神的故事和法力。随着朝代更迭,太阳神、守护神、死神、冥神也轮流执政。今天我们见到的古埃及神祇,是希腊人的考据成果,可概括为三大神系,即赫里奥波利斯(Heliopolis)、赫尔莫波利斯(Hermopolis)和孟菲斯神系,或称"九柱神系""八柱神系"和孟菲斯神系。

古埃及为什么有这么多神?因为在史前时期,尼罗河三角洲地区出现了40多个"诺姆"(Nome)——类似国家的小部落。所有

阿思旺与努比亚
ASWAN

诺姆都有自己的神祇和首领。上下埃及统一后,原来诸诺姆的神变成了地方神,仍旧各司其职,加起来足有2000多位。从数量而言,虽不及印度教诸神多,但其体系非常复杂,至今也没有人能完全搞清古埃及的神系。

"八柱神系"中共有4名男神4名女神,男神为青蛙头,女神为毒蛇头。此八神合力从"原初瀛水"中创造了"火之岛",在岛上再造出"原初蛋"。空气神阿蒙(Amon)对着蛋呼吸,孵化出太阳神阿图姆(Atum),其后的情节与九柱神的故事差不多。阿蒙与妻子穆特(Mut)、儿子孔苏(Khonsu)统称"底比斯三神"。除阿蒙外,其余创世神已被人遗忘,像中国的盘古,没几个"粉丝"。

"九柱神系"神话则认为,"原初之水"中出现"笨笨山"(Ben-ben),山上站着太阳神阿图姆。也有说"原初之水"中出现莲花,莲花绽放,诞生阿图姆。阿图姆按照自己的模样创造诸神,呼气产生风神"舒"(Shu),咳嗽产生雨神"泰芙努特"(Tefnut)。"风""雨"结合,生下天空女神"努特"(Nut)和地神"盖布"(Geb)。舒把努特托起来,使她罩在侧身而卧的盖布上面,形成"天"与"地"。古埃及人相信,地震是因为盖布在笑。

天空女神努特满身星光,四肢撑地,身躯如虹桥卧波,覆盖着侧身而卧的绿巨人盖布,这种场景通常出现在埃及的陵墓或者神庙的天花板上。努特每晚吞掉太阳,早晨再生出来,日夜因此循环,生生不息。古埃及人很矛盾,他们还认为太阳是被圣甲虫——"屎

↑ 圣甲虫滚粪球雕像
→ 守护死者、司掌生育和健康
　的女神伊西斯

阿思旺与努比亚
ASWAN

壳郎"推着滚来滚去,所以才有太阳东升西落、昼夜交替。胡夫的"太阳船"的构思即来源于此,当太阳在夜里由西向东巡行的时候,法老的灵魂可搭乘太阳船与其相会。

努特与盖布结合,生二男二女,长子为冥王奥西里斯(Osiris),长女为守护神伊西斯(Isis),次子为混乱神塞特(Seth),次女为亡灵守护神奈芙蒂斯(Nephthys)。可以看出,埃及神系以家族为基础,家族中多为姐弟结合。后来,努特的长子配长女,次子配次女。奥西里斯统治人间,伊西斯成为王后。再后来,塞特因嫉妒而害死哥哥奥西里斯,制造了人神共愤的奥西里斯"碎尸案"。据说伊西斯伤心落泪,导致尼罗河泛滥。她在妹妹奈芙蒂斯及其子阿努比斯(Anubis)的帮助下使奥西里斯复活。最后,伊西斯的儿子荷鲁斯(Horus)击败塞特,终于为父报仇,同时开始掌管人间,成为王权的保护神。奥西里斯复活后成为地府冥神,伊西斯也随夫调动,帮他管理冥城。

事实上,这些只是简单化的介绍,古埃及神祇极为复杂。比如太阳神,有圣甲虫凯布里(Khepri)、拉、阿图姆、阿蒙、阿顿,以及阿蒙与拉合成的"阿蒙 - 拉"(Amun-Ra)、拉与荷鲁斯合成的"拉 - 哈拉克提"(Ra-Horakhty)等。而太阳神也有各种形象,清晨是圣甲虫,白天是拉,夜晚为阿图姆。又如太阳神拉、鹰神荷鲁斯、月神孔苏、战神蒙图(Montu)都是鹰首人身,区别主要在于帽子的样子:拉戴眼镜蛇盘绕的太阳,荷鲁斯戴红白双王冠,孔

↓ 尼罗河里的菲莱神庙

↑ 菲莱神庙

阿思旺与努比亚
ASWAN

苏戴月牙托满月，蒙图戴插着长羽毛的眼镜蛇太阳盘。

旅行车到达目的地后，停在阿思旺旧坝南侧，我们将在这里换乘船只登岛。

菲莱神庙是守护神伊西斯的居所，建于托勒密时期，在阿思旺以南十几公里处，离尼罗河第一瀑布不远。阿思旺旧坝建成后，菲莱岛被尼罗河水淹没，神庙下半部分每年要在河水里泡半年。后来在联合国教科文组织的帮助下，神庙被拆解搬移到原址以北500米以外地势较高的阿吉利卡（Agilika）岛，按原样搭建。

"伊西斯"意为"王座"，是法老权力的象征。作为守护死者、司掌生育和健康的神祇，她最受古埃及人欢迎，甚至获得了西方人的供奉。她的符号是"提耶特"（Tiet），或称"伊西斯"，代表繁荣与生命，有人说伊西斯是基督教圣母玛丽亚（Virgin Mary）的原型。对古埃及人来说，伊西斯就是"法老他娘"，神通广大，据说只有她知道太阳神秘而不宣的名字。而传说修建神庙的菲莱岛是创世之初的土堆，也是奥西里斯的葬身之地。

而阿思旺由于开发较晚，直到托勒密时期，才形成伊西斯崇拜中心，埃及的末代法老"埃及艳后"就自称伊西斯的化身。

说话间，尼罗河著名的三桅小帆船（Felucca）靠岸了，大家依次就座。十余分钟后，就看见菲莱岛上土黄色的建筑，在夕阳下显得醒目而神圣。帆船泊在神庙最古老的内克塔内布（Nectanebo）亭下面。导游"狗粪底儿"跟上来，居然向我索要50埃镑船费。我说，

埃及，
尼罗河西岸

↓ 去菲莱神庙的码头，尼罗河水色旖旎

↑ 傍晚，菲莱神庙

阿思旺与努比亚
ASWAN

↑ 气势雄伟的菲莱神庙
← 从这个角度可以看清古埃及的雕刻技艺
↓ 菲莱神庙的柱廊

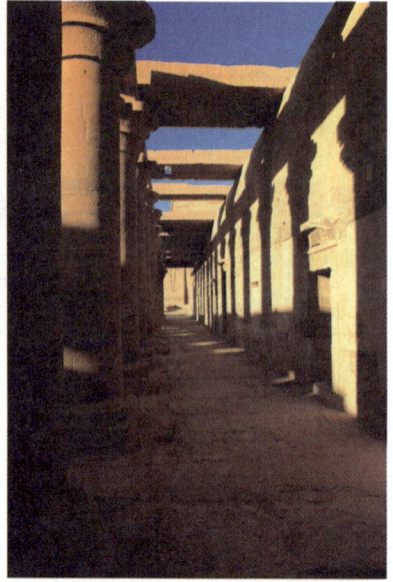

埃及，
尼罗河西岸

所有费用已经付清，除了门票，我不会再付任何钱，他才作罢。

众人依次上岛，沿台阶来到神庙广场。广场东西各有一排巨型石柱廊，据称东柱廊修了800年还没完成——没有文字和浮雕，而西边十几根柱头的棕榈、纸莎草、莲花等图案居然没有重样的。墙壁刻满浅浮雕，多为祭祀和战争题材。

仔细观察神庙建筑，能看到石材被切割的痕迹。虽然尽力挽救，但今人还是无法将巨石完整地搬移过来，而是切割分解后再拼装起来。虽然如此，如果不是事前做过攻略，我还真看不出神庙系整体搬移而来。若论工程规模，恐怕不会比新建更轻松。

据说第一塔门前原有刻着"克丽奥佩特拉"名字的方尖碑，后被罗马人偷走，现在只剩下两头残破的石狮。塔门外墙上的浮雕内容主要表现"祭祀"和"征服"内容，除了祭奉诸神，还有托勒密二世在神面前打击敌人的场景。古埃及浮雕的特点是主体与墙面齐平，先在周围刻出深槽勾勒轮廓，再雕琢形体结构，使得凹凸关系看起来非常明显。

进入神庙塔门，中央庭院有供奉奥西里斯和伊西斯儿子荷鲁斯的玛米西（Mammis）。古埃及神殿多建有这种秘密诞生屋，每任法老即位前必须要举行庆祝荷鲁斯在沼泽中降生的仪式，表示"君权神授"，宣告自己是荷鲁斯的继承人。室内浅浮雕描绘伊西斯的家庭事迹、荷鲁斯出生及戴着王冠的场景。

"您好，您从哪儿来？"穿着长袍子的庙祝冷不丁儿问我。

阿思旺与努比亚
ASWAN

↑ 女神伊西斯怀抱荷鲁斯的雕像

埃及，
尼罗河西岸

"中国。"

"哇呜，中国，世界第一，第一，我喜欢！"这家伙满脸堆笑，夸张地恭维。

"谢谢，最好不要让美国人听见。"明知是奉承，但我还是蛮喜欢听。

"给我俩照张相？"

"好！"谁能拒绝这样的盛情呢。

两个庙祝摆好姿势，我便"咔嚓"起来。然而，他又要求与我合影，其同伴伸手就想拿我的相机。我自然不肯，他死皮赖脸地纠缠："百科什什？"我摸出两个钢镚儿给他，转身进入第二塔门。

第二塔门里是多柱大厅，通往伊西斯神殿，殿内的伊西斯金像和装运金像的小船早被送到佛罗伦萨和巴黎了，现在仅剩两个花岗岩石龛。出西门有尊尼罗河神像——长着女人胸部的哈比（Hapy），而东门外有座小型的哈索尔（Hathor）神庙，她是丰饶女神，经常化身为母牛。石柱刻满模样好笑的小矮人，他们是音乐家和分娩之神贝斯（Bes），保护表演的小孩、孕妇及其家庭不受蛇和蝎子的攻击。我有点怀疑，低音琴贝斯（Bass）的名字是不是来源于此？

哈索尔神庙南边有座叫"法老之床"的水亭，融合了埃及和罗马风格，为罗马皇帝图拉真建造，所以又叫"图拉真亭"。图拉真于公元98年即位，名列"贤良五帝"，他在位时，罗马疆域空前广阔，开罗科普特区的巴比伦堡亦是他的杰作。距图拉真亭不远，有许多

← 尽职尽责的神庙看护人员
↓ 看守伊西斯神庙的努比亚人

← 菲莱岛上的伊西斯神庙

埃及，
尼罗河西岸

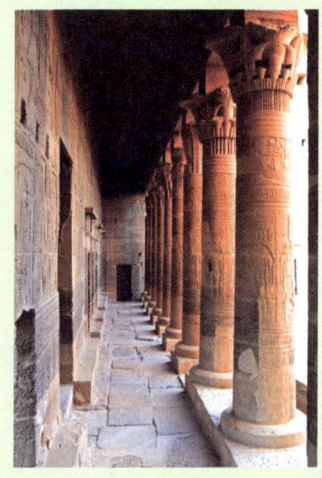

↑ 伊西斯神庙柱廊
→ 夕阳下的神庙高墙
↓ 伊西斯神庙旁边的图拉真小亭

石头椅子，为"声光秀"表演时的观众席，但演出口碑不好，我也就不再惦记。

回程的时候，已是夕阳欲下，尼罗河幻化出迷人的色彩，仿若河神哈比的微笑。

值得一提的是，罗马人征服埃及后，杀掉了菲莱伊西斯神庙中最后一批会说古埃及语的祭司，将多柱厅改为教堂，再后来菲莱神庙又遭到穆斯林破坏。从此象形文字失传，古埃及文明留下了许多难解之谜，直到"罗赛塔"石碑出现。

↑ 夕阳下的尼罗河

阿思旺与努比亚
ASWAN

6.
九十岁的人生

埃及人可能不晓得塞西，但不会不知道拉美西斯二世。

这大概是因为拉美西斯二世精于自我宣传——他甚至荣登美国《时代》周刊封面，在3000多年后再次成为风云人物。难怪有个埃及学专家说："进行宣传是他最好的武器，这在宣扬自己的王国和使命当中发挥了重要的作用。大量的雕像和碑文向人们讲述了这位国王的壮举与魄力，并使他的形象流传千古，而且能经受时间的考验。"

拉美西斯二世是古埃及第十九王朝的第三任法老，父亲塞提一世（Seti I），母亲图雅（Tuya）。他在位期间征战四方，将新王国推上鼎盛高峰。那时的阿思旺虽然是边防城市，想来治安应该不错，否则法老也不会将他的神庙建得如此偏远。

为了参观他的神庙——与金字塔和狮身人面像齐名的阿布·辛贝神庙（Abu Simbel），我不得不在凌晨3点起床。这回"狗粪底

↑ 科普特教堂

阿思旺与努比亚
ASWAN

儿"没有来接我，游轮服务员打着呵欠将我送到水滨路，交给一个笑眯眯的年轻人，就又打着呵欠回去了。

汽车走街串巷，又拉到几个人，最后停在科普特教堂附近。旁边有几辆军车，一个士兵手持类似排雷设备的玩意儿，将停在这里的车辆挨个扫描一番才予以放行。等前面的车辆走完，我们便启程前往阿布·辛贝。可怜我3点起来，一番折腾，4点钟才出发。以前这条路上曾发生过针对游客的恐怖袭击，据说现在由军警全程护送，但因为太黑，我没看清楚具体情况。

拉美西斯二世很小的时候就开始在"法老学校"学习，10岁在军中任职，15岁随父征战，以保证他将来成为智勇双全的法老。他没有花费太长时间就学会了很多东西，尤其是作为法老的两项"必杀技"——"征服"和"建设"，他更是运用得炉火纯青。"卡叠石战役"（Battle of Kadesh）让他成为神一样的战士，而阿布·辛贝、卢克索等地的建筑，使他名垂千古。

无论是征战还是建设，拉美西斯二世都取得了成功。他早年进行过一系列的远征活动，以恢复埃及对巴勒斯坦地区的统治，在叙利亚与同时代的赫梯帝国发生正面碰撞，于公元前1274年爆发了著名的"卡叠石战役"。也许是出于对赫梯帝国的戒备，他在尼罗河三角洲的东北新建了一座城市作为首都，即培尔—拉美西斯（Pi-Ramesses）。

需要注意的是，当时的叙利亚为地理概念，包括现在的叙利亚、

埃及，
尼罗河西岸

→ 阿布·辛贝神庙全景，左边是拉美西斯二世神庙，右边是伊西斯神庙

← 阿布·辛贝的拉美西斯二世神庙门前的雕像
↓ 阿布·辛贝神庙门前，巨像基座上的浮雕

↑ 阿布·辛贝的拉美西斯二世神庙门前
→ 神庙门口的生命钥匙"安卡"，人们竞相与之合影

→ 阿布·辛贝神庙内部，打扮成奥西里斯模样的拉美西斯二世

黎巴嫩、约旦、巴勒斯坦、以色列等地。近现代中东被分割，才有了阿拉伯叙利亚共和国。

培尔—拉美西斯距开罗东北约100公里，曾被巴勒斯坦人占领，第十九王朝时希伯来（Hebrew）人定居于此。拉美西斯二世即位后，在这里建造宫殿、住宅和神庙，将其打造成权力中心，成为真正的"拉美西斯之家"。好莱坞影片《法老与众神》，讲述摩西率领40万以色列奴隶，反抗拉美西斯，蹚过红海，出走埃及的故事，就发生在培尔—拉美西斯城。这部电影将拉美西斯二世塑造成一个血腥压迫犹太人的暴君，被摩西的神降"十灾"以惩戒。有人考据说，当时因火山爆发，确实导致红海水位降低，引发了各种灾难。

夜色尚浓，我不知不觉又睡过去，直到听见其他人的欢呼声才清醒过来。啊，原来远处的沙丘边缘云霞灿烂，太阳像只金色的盘子，从黑魆魆的豁口里露出头来。它就是太阳神"拉"，埃及人的阿蒙神，此刻正被圣甲虫推着，滚将出来。光线越来越亮，太阳终于完全跳出地平线，就像随着车轮向前滚动，跃过一个又一个沙丘，新的一天到来了！

阿布·辛贝是没有旅游业的努比亚小城，离阿思旺280公里，汽车足足跑了4个小时，再往南40公里就到了苏丹。几乎没有游客会在这里逗留，他们都是直奔10公里外的阿布·辛贝神庙。这座神庙历经磨难，要不是国际社会救援，也会被纳赛尔湖的湖水淹没。

埃及，
尼罗河西岸

拉美西斯二世前半生在征战中度过，他要对付来自四个方面的敌人，即沙漠中的利比亚人、东边的亚洲人、南方的努比亚人和来自内部的敌人。作为战士，他功勋卓著，所向无敌，没有人能撼动他的地位。可仗打完了，要想坐稳江山，还得费一番心思。于是，他大兴土石，建造神庙，开始包装宣传，将自己打造成神王。阿布·辛贝的两座神庙就是他最优秀的作品，里面除了供奉神明，还供奉他自己。有部纪录片里说，他的前半生是人，后半生是神。

神庙入口处有个展厅，展厅里用图片和录像再现当年挽救神庙的过程。走过人造山丘，对面是蓝色的纳赛尔湖，但见朝阳初升，波平如镜，水天一色，气象万千，这湖光山色甚至比昨天看起来更美。有人指着延伸到水里的小沙包说："阿布·辛贝神庙的原址就在那里。"

阿布·辛贝神庙建于公元前 13 世纪，经过 3300 多年的时光，最后淹没在漫漫黄沙中，直到 1813 年被瑞士人伯克哈特（Burkhardt）发现。发现的当时，神庙只露出一尊石像的头部。对神庙的考古工作进行得非常艰巨，每次清理出来，很快又被滚滚黄沙重新淹没，最后用水将沙子泼湿继续发掘，神庙才重见天日。

但是，神庙面临的麻烦并没有结束。20 世纪建设阿思旺高坝，使湖区内大量遗迹面临灭顶之灾。阿布·辛贝的神庙因为气势恢宏和展现精妙的天文现象而受到重点关照，国际救援组织按照瑞典专家的意见，把神庙"化整为零"，切割成每块 20 吨左右的 2000 块巨石，迁移到200米外、比原址高出65米的人造水泥山上，重新组合，这算不算是人类历史上最大的拼图游戏？整个工程花费4年多时间，耗资4000万美元，到1968年终于向世人重新开放。为纪念这项累死人的工程，神庙入口处特意立碑纪念："修复过去，构筑未来。"

与菲莱不同，阿布·辛贝的神庙好像掏空整座山腹凿刻而成，将整座山打磨为神庙。门口四尊高约21米的拉美西斯二世坐像，其中一尊上半身已掉落，其余三尊神情威严，面向纳赛尔湖。拉美西斯二世脚边是他心目中最重要的人——母亲、王后、儿女和荷鲁斯神。巨像上及前后左右都是象形文字和各种内容的浮雕，入口上方中央为太阳神拉-哈拉克提，顶层站着一排狒狒，正在迎接朝阳。

古埃及人认为，法老和狒狒都是太阳神的儿子。因为每天清晨，狒狒们于第一时间全体起立，迎接太阳初升。智慧和月亮之神托特有时也以狒狒头的形象出现，而许多陵墓墙壁甚至通往黎明的太阳船上也会有狒狒相伴。

拉美西斯二世巨像基座有尼罗河神浮雕，他们将纸莎草和莲花绑在一起，代表上、下埃及的统一；浮雕上还有战争中抓获的俘虏，被绳子串在一起。几乎所有法老巨像基座都有类似的浮雕，大概是古埃及人法老雕像的标准图案。

拉美西斯二世的繁育能力同样让人叹服：他在位67年，有8个皇后，嫔妃不计其数，其中有几位是他的姐妹和女儿。在他的

埃及，
尼罗河西岸

100多个孩子里，其中12个有合法继承权的儿子都先他而逝。当时古埃及人的平均寿命仅四十来岁，而他活到90岁以上，这本身就是奇迹，怪不得后人将他当神膜拜。

进入神庙，左右各有四尊拉美西斯二世的雕像，左边的戴上埃及白王冠，右边的戴上下埃及的双王冠。屋顶是展开双翅的兀鹰图案，四周墙壁浮雕描绘与西亚赫梯帝国进行的"卡叠石战役"，人物多达千余，重现了激烈的战争场面。

"赫梯"（Hittie）是小亚细亚地区的奴隶制国家，初建于埃及中王国晚期，国势在古埃及第十九王朝——即公元前14世纪时达到鼎盛。有证据显示，赫梯人最早发明了炼铁技术，他们的铁质兵器曾使埃及等国胆寒。"卡叠石战役"为世界上有文字记载的最早会战，是埃及与赫梯为争夺叙利亚地区的统治权而进行的战争。公元前1285年，拉美西斯率领军队与穆尔西里二世（Mursili II）争夺赫梯在叙利亚奥伦特（Orontes）河畔的主要基地和军事要塞卡叠石，即今泰勒奈比曼德（Tell al-Nabi Mando），战后双方都宣布获胜。两个"二世"可谓"并世双雄"，就算打成平手，也非常值得夸耀。

北墙文字记录了战役的过程，中央是拉美西斯站在战车上射击逃跑的敌人的著名浮雕，将狂奔的马腿刻绘出重影，以表现疾行的速度，这大概是最早有"3D"透视感的浮雕了。还有拉美西斯在神面前暴打、践踏敌人的画面，与我们概念中在神面前谦卑恭顺的形

阿思旺与努比亚
ASWAN

象完全不同。

卡叠石之战后16年，埃及与赫梯冲突不断。公元前1269年，赫梯新任国王哈图西里三世（Hattusili III）与拉美西斯缔结了著名的"银板和约"，这是历史上最早的国际军事条约。后来赫梯王将长女嫁给拉美西斯，以巩固双方的同盟关系。然而，两国都已被战争拖垮，赫梯在"海上民族"和亚述（Assyria）人的打击下，于公元前12世纪分裂，公元前8世纪被亚述消灭。对古埃及人来说，拉美西斯二世带给他们的是最后的辉煌。他死后，古埃及开始衰落。到第二十五王朝时期，埃及先后遭到利比亚和努比亚的相继入侵，甚至被亚述帝国纳入版图。

往前走是四柱门廊，其上有拉美西斯和他最宠幸的妻子纳菲尔塔莉（Nefertari）站在众神及太阳船面前的壁画。这道门廊通往神庙尽头的圣坛，最里面有4尊石头坐像，从左至右分别是造物神普塔（Ptah）、太阳神阿蒙、拉美西斯二世和拉－哈拉克提。自恋也好，炫耀也罢，拉美西斯最终将自己抬上神龛，与他的保护神同住一室，共享荣光。

神庙原来的设计意味深长，据说每年2月21日和10月21日5点50分，即拉美西斯的生日和登基日，清晨的第一缕曙光，会穿过65米深的多柱大厅和四柱门廊，照在神庙最里面右边的三尊雕像身上，而普塔神则无缘阳光。神庙搬迁时，虽然经过严密计算还原了这个奇妙的现象，但阳光照射的时间各推迟了一天，普塔也能

埃及，
尼罗河西岸

被阳光扫到。可见当时古埃及人已经掌握了天文地理和数学物理的相关知识,其高超精妙之处,令人赞叹。

为什么普塔不能被阳光照到?通常认为这是有意为之,因为普塔是黑暗之神,自然见不得光。我查阅资料,发现普塔曾是孟菲斯主神,是万物的创造者和守护神,通常为戴着无边帽、留着一撮小胡子的木乃伊形象,手握象征生命、稳定与全能的凤凰头节杖。不过他在创世后退居二线,成为"挂名领导"。

神庙守护人白巾缠头,长袍飘逸,手里拿着巨大的生命钥匙"安卡"(Ankh),问我要不要与它拍照。我摇头谢绝,出门前往隔壁的哈索尔神庙。安卡是法老时代的神秘符号,又叫"T形十字架",代表生命和权力,模样与雌性标记"♀"相似,在古埃及神庙和陵墓中随处可见。古埃及人相信生死轮回,认为人死后经过许多关口才能复活,而安卡就是开启生命之门、走向重生的钥匙,或许"♀"符就来源于这一观念。

哈索尔是古埃及最美的女神,她有很多化身,但常以母牛的形象出现。她在伊德富(Edfu)备受尊崇,有人说她是荷鲁斯的妻子,也有人说她是太阳神"拉"的一只眼睛。她与伊西斯齐名,希腊人称她为天空女神,但在底比斯,她被视为死神。一般认为她是丰饶女神,掌管爱、舞、酒以及与女人有关的事情。

拉美西斯二世妻妾众多,而纳菲尔塔莉是他的最爱,哈索尔神庙就是拉美西斯献给她的礼物——或许,他将纳菲尔塔莉当成了哈

阿思旺与努比亚
ASWAN

索尔的化身。哈索尔神庙规模较小，门前也有6尊10米高的雕像，4尊为拉美西斯二世，2尊为纳菲尔塔莉，与别处雕像不同的是，这6尊雕像夫妇等高。这很不寻常，因为一般来说，古埃及王后的雕像不得超过法老的膝部。

"纳菲尔塔莉"的名字意为"最美丽的女人"，但是，神庙尚未完工，她就已经离世。卢克索王后谷纳菲尔塔莉陵墓的壁画上记录了许多她的称谓："最受宠爱者""魅力、甜蜜和爱的拥有者""上下埃及的女主人""法老的正妻"等。拉美西斯夸她："阳光为她而照"，"她是我的唯一，没有人能和她匹敌，因为她最美丽；当我从她身边经过，她就已经偷走了我的心"。其中的甜腻热情，直追现代的情歌。

进入神庙，里面同样是六柱支撑的大厅，周围刻满壁画。拉美西斯从荷鲁斯手中获得王冠，献给阿蒙神；王后与拉美西斯平等地站在众神面前；还有一尊以岩石打造成奶牛形象的哈索尔女神雕像。

此地人迹罕至，建筑狂拉美西斯为什么要在这里修造神庙呢？有人说是因为纳菲尔塔莉就是阿布·辛贝当地人。不过，最新的说法是，努比亚人沿尼罗河前往埃及进贡，或埃及军队去往努比亚征税，都会经过此处，而气势磅礴的神庙可以宣示国威、震慑敌人。

7.
象岛纪事

虽然拉美西斯二世到处炫耀他只身战胜敌人的壮举，但古埃及人并非好战的民族。与他们同时代争雄的帝国如赫梯、亚述相比，古埃及人的战斗力有些尴尬。人类社会早期，他们凭借地理优势独立发展，还能勉强击退心怀不轨的蛮族。但随着恶邻们的崛起，以及航海技术和武器的发展，古埃及人再也无法阻挡外来民族的入侵，最终退出历史舞台。

回到游轮，进门时看到床上趴着一条白色的鳄鱼，差点儿被吓着。原来这是服务员阿布（Abu）的杰作，他将浴巾叠成这般模样来取悦客人。我一高兴，便打赏给他10埃镑，他一边道谢着开心地走了。此后几天，他总是将浴巾叠成各种花样，惊喜不断。

午餐过后，还有点时间，便想着去象岛。水滨路往前不远，有去象岛的渡轮。在渡轮码头，看到一个戴着墨镜的东亚面孔，俩人对视片刻，几乎同时打招呼："您是中国人吗？"

阿思旺与努比亚
ASWAN

他居然是骑行客,来自安徽,名叫云山。在埃及骑行实在不是一件容易的事,我深感佩服。还没说几句话,渡轮来了,我们便跟着当地人上了船。

象岛为正对市中心的尼罗河岛屿,古埃及人称其为"阿布"(Abu),意为"大象"或"象牙"。关于这个名字的来历,据可靠的说法,这里曾经是象牙交易场所,原为埃及和努比亚的边界,建有要塞。古埃及人认为控制尼罗河的神明克努姆(Khnum)就住在象岛,所以在此修建了供奉他和其妻萨泰特(Satet)及其女阿努凯特(Anuket)的神庙。克努姆是创造之神,常以公羊的形象从天而降,善于制陶。近水楼台先得月,努比亚人也以制陶闻名。

象岛上的结构比较简单,有一条南北向的小路,我和云山聊着向南走去。云山算得上是个奇人,他在中东骑行了近三个月,穿过了沙特阿拉伯、黎巴嫩、以色列和约旦,埃及是他行程的最后一站。巧合的是,我们的回程时间和目的地相同,都将搭乘土耳其航空的飞机飞往香港。他说:"在埃及骑行非常麻烦,总会有警察跟着,我在前面骑车,他们开警车在后面跟着,我停他们也停,随时被人监视,感觉非常别扭。"

"警察跟着也安全啊。"我没想到情况会是这样,只知道埃及人开车几乎从不遵守交通规则,路况又不好,骑自行车旅行很不安全。

"可总有人跟着,觉得不方便,后来我实在受不了,干脆说,那我不骑了，跟你们走。结果警察直接将我带到了阿思旺。"

"也许，他们怕你被谁绑架吧？毕竟埃及的局势不太稳定。"

"或许吧，但我并没觉得有多危险。其实骑行途中会路过一些村庄什么的，独具特色，寻常游客根本不可能深入此地，当地人也都很质朴，比城市里有意思多了。"

象岛上有努比亚村庄，外墙色彩缤纷，画满各种图案。虽然看起来略显邋遢，但比阿思旺市区要清静许多，是个散步的好地方。岛东南有座尼罗河水位计（Nelometer），刻着古埃及尼罗河泛滥时的水位高度。因为洪水越高，带来的沃土越多，意味着当年收成越好，政府便会据此制定纳税额度。

尼罗河通常5月开始涨水，8月达到最高水位，以后水位逐渐下降，1至5月为低水位期。洪水到来时，淹没两岸农田；洪水退后，留下一层淤泥，留下肥沃的土壤。丈量表以古埃及象形文字、罗马数字和阿拉伯数字同时记录，最早的记录产生于第十七王朝，而这座水位计一直使用到19世纪。

中国战国时期，水利家李冰在岷江中游主持修建都江堰时，于引水口"作三石人，立三水中"，"水竭不至足，盛不没肩"，并在石上刻着"水则"，共分24格，每格相当于1尺。水位达到第11格的时候，江水就漫过飞沙堰，流回外江。这三个测定水面高度的石人，是中国最原始的水尺，比古埃及晚了1000多年。

说到古埃及文明，云山赞不绝口，真不敢相信站在象岛上就能

阿思旺与努比亚
ASWAN

↑ 羊头神克努姆，也是阿思旺的创世神

埃及，
尼罗河西岸

望尽的尼罗河谷所孕育过的如此灿烂的文明。水位计往西几百米,就是克努姆神庙的遗迹。克努姆是长着羊头的洪水之神,双角硕大弯曲。神庙建于著名的女法老时代,现在仅存托勒密时期的小神殿,神殿的铭文中提及古罗马统帅恺撒(Gaius Julius Caesar),可看的东西不多。

"相对于这些已经消失了的文明,更加觉得中华民族伟大。"云山感叹道,"虽然有迹可循的历史不如古埃及,但贵在一脉相承,从未中断,记录完整。"

"是啊,包括古巴比伦和古印度,他们的文明已经'作古',而我们却可以自豪地说,华夏文明是我们的祖先留下的遗产。"

"去的国家越多,越觉得我们的祖先了不起,不只是'曾经阔过'那么浮浅。"

岛上的努比亚人或带孩子,或洗马匹,或搞建筑,一副不理世事的模样。碰到打招呼的当地人,我们便去参观他们古拙的房间。房间陈设简单,墙壁多绘色彩鲜艳的画儿,或悬挂各种饰物和图腾,如盘子碟子、鳄鱼标本等,有些家庭甚至将鳄鱼当成宠物饲养。对照壁画与现实,我总觉得,努比亚人的肤色介于古埃及人与埃及南部土著之间,较古埃及人深,比苏丹人浅,是中间"过渡带"。或许,他们的面目才更接近于古埃及人。

东行几步就是阿思旺博物馆,我和云山好像都患了"畏惧博物馆症",不约而同表示放弃。象岛出土的文物,以象岛历法和象岛古卷最负盛名，图特摩斯三世曾短暂使用过象岛历法，而古卷则是波斯帝国占领期间，一些驻守象岛的犹太士兵的记录，算起来已有2500年的历史。

其实，象岛还是观鸟天堂，可惜今天时间太短，我们只看到快速掠过的海鸥，就得乘轮渡返回。

众神的尼罗河
NILE

3.

众神的
尼罗河
NILE

1. 兀鹰和鳄鱼

噢，尼罗河，我们向您致敬，

您在这片土地流淌，

赐予埃及生命。

您从黑暗中神秘流出，

我们庆祝您的诞生！

您灌溉拉神创造的果园，

让牲畜得到滋养。

……

——《尼罗河之歌》

西谚曰："尼罗河上午干涸，埃及下午死亡。"听起来恐怖，但却是实情。

尼罗河（Nile）流经非洲东部与北部，自南向北注入地中海，全长约6650公里，是世界上最长的河流。尼罗河有青、白两条主要支流，发源于埃塞俄比亚高原的青尼罗河水量充沛，而白尼罗河则最长。尼罗河之于埃及，如黄河之于中国，恒河之于印度。与中国上北下南的地理概念正好相反，尼罗河从南向北流淌，而古埃及文明则"从下往上"逆流发展。

至此，我的游轮之旅才真正开始。在游轮用餐，只要可能，每次我都坐在固定的位置。细心的服务员也许发现了我的规律，在几排空座位里，只有我惯常坐的那桌摆上餐具，其余则空空如也。有趣的是，成群结队的西方游客，也无意"侵占"我的领地。餐厅经理是努比亚人，大腹便便，蓄着两撇八字胡，有时戴顶白色的高帽子，像极某家西式酒馆里摆放的小二公仔，忙前忙后，恰如一只滴溜溜乱转的纺锤。

游轮上的西式自助餐还算丰盛。有烤羊腿或者烤牛腿，但要排队领取，如同中国自助餐厅里的三文鱼，厨师会切一份给你，再想要还可以继续拿。有种欧姆蛋，当地叫奥姆莱特（Omelette），其实就是鸡蛋饼，佐以芝士、洋葱、番茄、青椒和其他蔬菜，三餐都有，颇让人回味。我在斯里兰卡的小店里吃过，还是觉得游轮大厨做出来的味道更胜一筹。可惜自助餐的水果少，多石榴、香瓜、橙子和圣女果，味道一般，品相也不佳。

那么，古埃及人的菜单里都有些什么？——至少有"面包"和啤酒，一块古王国时的浮雕上有19种形状的"面包"；到中王国时，

埃及，
尼罗河西岸

↑ 游轮上晒太阳的客人

众神的尼罗河
NILE

埃及人已经有用砖块砌成的圆筒状烤炉。据说，修建吉萨金字塔的工人有啤酒喝，这让人难以置信的说法被一尊雕塑证实了：在这尊妇女酿制啤酒的雕塑中，制酒的陶缸高约1米，中上部有个出酒的嘴儿，赤露上身的妇女正在操作，她蓄着当时流行的发型，扎了许多小辫子。还有一幅壁画，其中一个神气活现的女人说："我要18杯葡萄酒，我要痛快地喝醉，我的喉咙，已经像谷壳一样干渴。"可见对普通古埃及人来说，喝酒实在是寻常不过的事情。

游轮上的餐厅里有啤酒出售，但是价格昂贵。登船当晚会有一场"努比亚秀"——展示努比亚文化的真人表演。船将在夜半时分到达考姆翁布（Kom Ombo），届时旅行社会安排导游带我参观双神庙。

据说，努比亚音乐在阿思旺以外的埃及其他地区并不流行，反而在西方更受追捧。努比亚音乐中最常见的乐器是乌德琴（Oud），乌德琴有"中东乐器之王"的美誉，样子像中国琵琶。游轮上的"努比亚秀"演员只有4名，他们头缠白巾或戴帽，穿着绿色或蓝色的宽大长袍，两个敲打着又宽又扁的手鼓"豆腐"（Douff），一个拉京胡般的"凯色"（Kisir），另一个则拿着红白相间的短棍，玩杂耍般丢来丢去，不时怂恿游客参与进去，气氛倒也热烈。

午夜时分，游轮慢慢靠岸，考姆翁布到了。考姆翁布在阿思旺以北48公里，阿思旺距离卢克索300多公里，游轮顺流而下，不紧不慢，所谓四夜五天的游轮行程，其实平均每天航行不足4小时，

埃及，
尼罗河西岸

↑ 灯光下的考姆翁布双神庙塔门

众神的尼罗河
NILE

更多时候游轮都停泊在尼罗河边。

"考姆翁布"是希腊文音译，意为"黄金"，在希腊化的托勒密时期，这里是埃及和努比亚进行黄金交易的所在，也是传说中鳄鱼神索贝克（Sobek）的领地。亚历山大死后，他的部将三分帝国，其中塞琉古（Seleucid）建立以叙利亚为中心，包括伊朗和亚美尼亚在内的帝国，即中国史书所称的"条支"。塞琉古王朝与统治埃及的托勒密王朝处于战争状态，托勒密为了对抗塞琉古的印度大象，经常来考姆翁布购买来自埃塞俄比亚的非洲大象，所以考姆翁布也是托勒密当时的"战略资源基地"，其重要性不言而喻。

正是因为这个原因，虽然是夜半时分，神庙依旧灯火辉煌。下船上岸，走路不过五六分钟就能看见神庙塔门。时间太晚了，船上其他游客并没有随行，我正好一个人安静地参观。

考姆翁布的双神庙建于托勒密时期，里面供奉着鳄鱼神索贝克和老年的荷鲁斯，是埃及唯一祭奉两位大神的寺庙。在埃及神话中，索贝克有4倍的神性，因为他具备4种元素：拉的火、舒的气、盖布的地和奥西里斯的水。在《亡灵书》中，他保护了刚出生的荷鲁斯，帮助伊西斯及奈芙蒂斯击败了塞特。而一直以来，尼罗河都是鳄鱼的代名词，也许古时候鳄鱼会爬上考姆翁布的河岸上晒太阳吧？至今纳赛尔湖中还生活着2万多只鳄鱼。

神庙沿道路中轴线完全对称，有两个塔门，前院有双祭坛，往里次第为外多柱厅、内多柱厅、前厅和双神殿。左半边供奉荷鲁斯，

埃及，
尼罗河西岸

↑ 断墙上的浮雕

众神的尼罗河
NILE

右半边供奉鳄鱼神,据说当年连祭司都有两个。古埃及人真是创意天才,让天上的兀鹰和河里的鳄鱼共居。时至今日,神庙外面的部分和前院损坏严重,但主体建筑完好,在灯光下显得极为壮观、精美。

导游说神庙前院是托勒密时代的建筑,所以人物外缘雕刻线条的技法为古希腊风格。外多柱厅左边的浮雕表现托勒密十二世被伊西斯和狮首女神赛克迈特(Sekhmet)介绍给荷鲁斯,书记员智慧神托特(Thoth)在旁作公证;右边浮雕表现鳄鱼神看着鹰女神奈库贝特和蛇女神瓦吉特为托勒密十二世戴上双王冠。里面的多柱厅中有荷鲁斯和托特神为托勒密十二世洗澡的浮雕,或许因为其寓意吉祥,诞生屋里女人临盆分娩的浮雕被游客们摸得油光锃亮。

狮首女神赛克迈特主司战争和破坏,传说她是由太阳神拉眼中的火焰创造,主要是为了惩罚人们所犯的罪孽而生,到传说的晚期,她变为爱好和平的女神。托特是智慧、公正之神,通常形象为鹤首人身,是灵魂审判的监督者和书记员。他也是月神,确定节气、制定历法,同时还是文字的发明者,代表科学和艺术,用现在的话说,他就是个学识渊博的知识分子。

神庙的墙壁上以象形文字雕刻着古埃及历法。古埃及人以每年尼罗河的泛滥日——约6月21日为一年肇始。这一天的下埃及,天狼星偕日东升,在地平线相遇。根据尼罗河涨落和作物生长规律,古埃及历法将一年分为泛滥、播种和收割3个季节;每季4个月,每月3个周,每周10天;年末所余5天称为"闰日",这几天被

↑ 荷鲁斯和托特神给托勒密十二世洗澡

众神的尼罗河
NILE

↑ 鳄鱼博物馆里鳄鱼神接受供奉的场景

埃及，
尼罗河西岸

视为几位大神的诞辰日，是古埃及的节日。这就是古埃及"太阳历"，如今通用的公历就来源于此。

穿过前厅进入神殿，内部已经破败。导游指着一条密道说，以前的祭司们经常藏在里面，假装荷鲁斯或鳄鱼神回应虔诚的信徒。通道的墙有些小器械的浮雕，导游说那是外科手术器材。在古埃及，神庙确实是为信众治病疗伤的所在，不过，那些器具很可能是在宗教仪式中用到的小玩意儿，未必有实际的效用。

神庙旁是鳄鱼博物馆，里面除了鳄鱼木乃伊和古代石刻外，还展出了制作木乃伊的工具和手术床，游览者能清楚地看到制作鳄鱼木乃伊的全部流程。古埃及人通常制作两种鳄鱼木乃伊，其一为圣物，被视为鳄鱼神索贝克的化身；其二为祭品，于献祭时使用。看着这些庞然大物身上缠满布条，我一时感觉这像是某种恶作剧，并没有恐怖的感觉。

这一天奔波，参观完回到游轮上，我倒头就睡，连梦也不曾做一个！

众神的尼罗河
NILE

↑ 鳄鱼博物馆里展示制作鳄鱼木乃伊的过程

埃及，
尼罗河西岸

2. 阿布的艳遇

你那如美酒般清冽的声音,

驱使我用生命来追随,

倘使我目光所及总能看见你,

便远远胜过,

畅饮那甘甜的琼浆。

——古埃及爱情诗《花之歌》

古埃及人除了创世说,还有来世说。他们认为,人拥有显性的肉体和隐性的灵魂。灵魂"巴"(Ba)是长着人头人手的鸟,人死后,"巴"自由飞离肉体,但肉体仍是"巴"依存的基础。所以古埃及人要将死者制成木乃伊,举行仪式,以使他的肉体复活,继续在来世生活。古王国的金字塔,中王国、新王国时期在山坡挖掘的墓室,就是亡灵永远的住所。古埃及人认为,现世是短暂的,而来世是永恒的。

一夜酣睡，早晨被长鸣的汽笛声惊醒。跑到甲板上一看，太阳还尚未升起，阿布正在指挥几个小伙子搞卫生，我问他伊德富（Edfu）到了没有，他坏兮兮地告诉我已经过了，我不由得捶胸顿足，叫苦不迭。

伊德富离考姆翁布65公里，是鹰头神荷鲁斯的家乡，当地有一座保存完好的荷鲁斯神庙，据说以前每年都要在此举行"胜利节"，以庆祝荷鲁斯战胜塞特。

其渊源还要从奥西里斯"碎尸案"说起。奥西里斯在自己庆功宴上，被塞特骗到特制的箱子里投入尼罗河。伊西斯找到箱子，将其藏在沼泽地准备使其复活；结果又被塞特发现，将奥西里斯的尸体肢解成14块抛弃。伊西斯只找回了13块，奥西里斯的生殖器被鱼吞食。

伊西斯于是做了一个金生殖器——也有说用橄榄木，拼合在碎尸上，再用亚麻布包起来，使奥西里斯复活。她自己则变成鸢，在托特的帮助下受孕，怀上了荷鲁斯。也有传说认为，奥西里斯只复活了一夜，伊西斯怀孕后他就去了冥界。我们现在看到的木乃伊都用亚麻布包裹，就是因为这个传说，而冥神奥西里斯也通常以木乃伊的形象出现。

荷鲁斯成人后，与塞特进行了一场长达80年的战争，甚至被塞特挖掉了左眼，幸亏哈索尔出手相助，荷鲁斯的眼睛才恢复如初。后来荷鲁斯的左眼失而复得，他便将之献给已是冥神的奥西里斯。

埃及，
尼罗河西岸

↑ 女神哈索尔雕像

↑ 神庙柱子上的浮雕

众神的尼罗河
NILE

这就是著名的"荷鲁斯之眼",或称"乌加特"(Udjat),意为"完整的,未损伤的眼睛"。古埃及人以乌加特的形象作为护身符,这一形象也是神庙和陵墓的壁画中常用的元素。"乌加特"与生命钥匙一样,常常被古埃及人画在棺椁上,以保护亡灵在通往永生的旅途中一路平安,同时对死者的身体进行修复。

荷鲁斯有4个儿子,人模人样的阿姆塞特(Imset)、狒狒头的哈碧(Hapi)、狼头的多姆泰夫(Duamutef)、隼头的凯布山纳夫(Qebshenuf),他们分别保护死者的肝、肺、胃、肠。盛放木乃伊内脏的卡诺匹斯罐通常会做成四兄弟的模样,同时也代表4个方位,这一点有点像中国的五行学说。

清晨的尼罗河很美,东岸的棕榈林上空彤红一片,看来太阳很快就要出来了。甲板上来了几个女游客,阿布屁颠屁颠地跑过去献殷勤。

对古埃及人来说,昼夜交替是因为太阳神白天搭太阳船从东向西在天空航行;夜晚时,太阳船则从西向东在地下巡行;旭日初升,则是被圣甲虫凯布里推出地平线,再加尼罗河每年定期泛滥,洪水退去,首先登场的也是圣甲虫,所以圣甲虫在埃及被当成复活之神受到崇拜。

太阳出来了。一般而言,天边有云霞时,日出才显得更加绚烂。而埃及的冬天要么晴空万里,要么阴郁灰暗,很难碰到云霞绮丽的光景。不过,当有展翅高飞的水鸟掠过尼罗河波光粼粼的水面时,

↑ 清晨，尼罗河对岸的村庄

众神的尼罗河
NILE

一切都变得活泼起来了。

　　阿布估计没有讨到好处，一边收拾水管一边抱怨："日子真不如以前啦，游客越来越难伺候。"

　　"为什么呀？"我有些疑惑，"你也没有为她们服务啊。"

　　"你知道吗？以前西方女游客经常会找埃及小伙子。"他伸出右手食指，在左手食指与拇指组成的圆圈里抽送几下，这个有点"污"的动作恐怕是全世界通用的标准手语。

　　"真的啊，你有没有做过？"

　　"当然，"他有点失落地炫耀，"以前干这事儿很容易，现在来的游客都不好说话。"

　　"游轮上不是有许多女士？你应该继续努力。"

　　"嘿嘿嘿。"他坏笑着，做出一个"扎起来"的动作，表示要禁欲。

　　"她们会付钱吗？"我问。

　　"会，"他很自然，丝毫没有觉得不好意思，"当然，不付也无所谓。"

　　"真棒，"我伸出大拇指，"祝你好运！"

　　他将水管收起来，摇着头走下楼梯。

　　游轮上设有泳池，虽然颇有寒意，仍然有很多女游客大概将这里当成了沙滩，穿着比基尼在甲板上晃来晃去；而男士们则披条毛巾，躺在沙滩椅上晒太阳。难得休闲的一天，我躺下来，要了一杯咖啡，一边看书，一边享受尼罗河冬日的阳光。

埃及，
尼罗河西岸

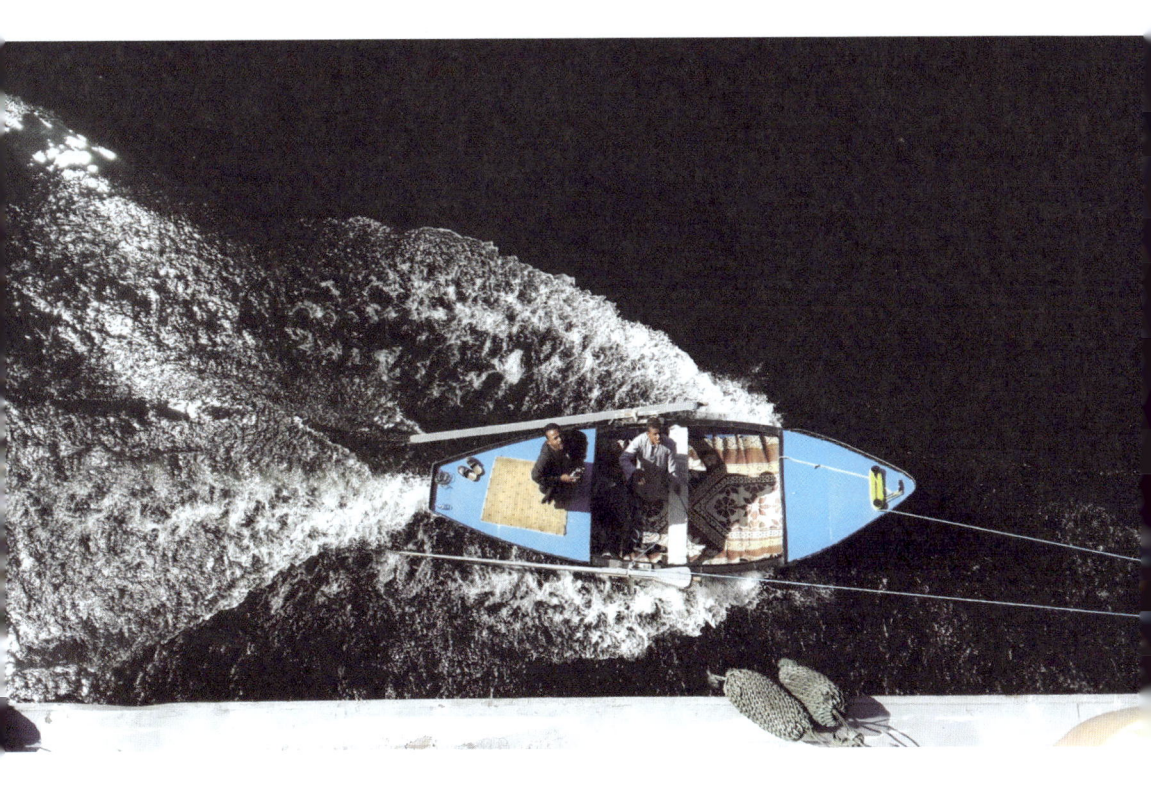

↑ 驾船跟着游轮兜售围巾的小贩

众神的尼罗河
NILE

突然，这帮游客都跑到东岸侧的船舷边，探头向下张望，有热闹看？我赶紧过去围观，原来，我们已经到了伊斯纳（Esna）水闸，游轮速度放缓，岸边的当地人开始和船上的游客做起了生意，大呼小叫，异常热闹。他们边喊价格，边将布料衣物装进塑料袋扔上甲板，有人捡起来看货、讨价还价，如果不满意再扔下去。或者满意了，留下货物，小贩们再扔上来个装着货物的塑料袋，客人将钱放在里面扔下去，交易即告完成。就算落在水里也不要紧，因为有小船跟在游轮旁边，随时可以捞上来。这样扔上扔下，生意做得热火朝天。

一只塑料袋落在我身边，我捡起来一看，里面是一条努比亚风格的围巾。我不打算购物，便又扔了下去。这种"游轮贸易"中的货品多为具有当地特色的服装、披肩和围巾等，价格不过几十埃镑。游轮似乎也有意放慢了速度，让大家尽享交易的乐趣。

没多久，游轮穿过一座水泥桥，一条蓝色小船居然用绳索搭着游轮边缘跟在后面，从船上向下看，白色的水波，托着蓝色的小船，画面恬静而美好。

埃及，
尼罗河西岸

3.
尼罗河落日

> 尊贵的女神啊，
>
> 值此新年来临，
>
> 请召唤尼罗河吧！
>
> 您于天上发出最耀眼的光华，
>
> 请让尼罗河泛滥吧！
>
> ——古埃及民谣

每逢天狼星与朝阳一起出现于地平线，古埃及人便会祈求女神，让尼罗河水泛滥。女神却也灵验，河水随即上涨，呼啸而来。经过长时期的观察，智慧的古埃及人将两次天狼星偕日东升的中间期，也就是两次尼罗河上涨的时间记为一年。

与两河流域不同，尼罗河西面是利比亚沙漠，东面为阿拉伯沙漠，南面是努比亚沙漠和飞流直泻的大瀑布，而北面三角洲是海岸。

众神的尼罗河
NILE

这些天然屏障，使古埃及人与世隔绝，可以相对安全地耕作，逐渐形成具有君权神授观念，追求永恒、单纯保守的古埃及文明，持续稳定发展了3000年。

尼罗河落日向来为游人所津津乐道，在阿思旺的时候没有时间停下来观看，今晚在船上我这个愿望就可以满足了。傍晚时分，游轮泊在一个河湾里，此地水面宽阔，前方有一座小岛，后面有一座跨河大桥，对岸是村庄，看得清郁郁葱葱的棕榈树和甘蔗林。

希腊历史学家希罗多德夸张地说："那里的农夫只需等河水自行泛滥出来，流到田地里灌溉，灌溉后再退回河床；然后每个人把种子撒在自己的土地上，叫猪上去踩踏，以后便只是等待收获了。"的确，尼罗河两岸是古埃及的粮仓，这得天独厚的自然环境，使得古埃及的历史单纯而稳定。

最美的景色在太阳落下去的那一刻，漫天红霞，眼前的尼罗河水被染得通红，仿佛面带羞色的女神，风情旖旎，直教人意乱情迷。

在埃及的神话中，此刻阿图姆的太阳船进入地下世界航行，需要经过12个关口，每个关口都有幽灵鬼怪、喷火巨蛇把守，其中最危险的第7关由魔头阿波菲斯（Apophis）把守。阿图姆在塞特和盘绕在他身上的蛇神迈罕（Mehen）的帮助下，在黎明时分通过全部关口，走出地下世界，重新出现在天空。于是，光明降临了。

阿波菲斯是太阳神的宿敌，是古老的邪恶和毁灭之魔，如果阿图姆闯关失败，整个世界将永远陷入黑暗。今天的天文学家取意于

埃及，
尼罗河西岸

→ 尼罗河落日，让人心醉
↓ 尼罗河落日

↑ 太阳完全落下去了
← 尼罗河落日，风情旖旎

众神的尼罗河
NILE

此，将一颗正从外太空直奔地球而来的小行星命名为"阿波菲斯"，据说这颗行星将对人类带来前所未有的灾难性威胁。

"嗨，你好，落日很美！"突然有人在我耳边说。

"是的，确实很美！"我习惯性地回答。

"感觉好极了！"

"好极了！"

"请问你来自哪里？"

"中国，"我反问，"你呢？"

"伦敦，我是住在伦敦的印度人。"

我才注意到这个主动搭讪的男子，他中等身材，两鬓微霜。看着落日西沉，我们便坐在一张圆桌旁边，他问我："中国的春节在什么时间？"

"春节？中国历法新年的第一天。"我翻了一下日历，"是2月8日，你要去中国过年吗？"

"是的，我要去台湾，我非常喜欢中国的春节。"

"非常感谢你能喜欢中国的节日，不过我住在广州。"

"广州在哪里？"他对中国并不熟悉。

"知道香港吗？"我打开手机地图，先找到香港，再指着广州，"离香港很近。"

"哦，"他应该知道香港，"是离得很近。"

"欢迎到广州旅行！"

埃及，
尼罗河西岸

"非常感谢！"

他叫辛格（Singh）。我们寒暄着，他拿出一个小本子，将我提到的日期、我的名字及联系方式记下来。其实，我在旅途中很不善于交际，但对这个来自伦敦的印度人倒有些兴趣，便问："你觉得埃及怎么样？"

"古埃及很棒。"他伸出大拇指，"我是说古埃及，但是，现在——"

"怎么样？"我追问，还是想听他说完。

"局势，我是说，不是太安全，你知道的。"

"是啊，英国人曾经侵略过埃及。"我直截了当地说。

"是的，是的，印度也曾被英国人殖民。"我没听清楚"殖民"这个音，他将单词写在本子上，我翻手机词典才明白。

"但是，"我连笑带比画，尽量像开玩笑，"你现在是英国人。"

"是的，这是上帝的旨意。"他也笑了。

"我去过印度，非常喜欢，不可思议的印度。"

"哇，你去过印度？去过哪些地方？"

"新德里、拉贾斯坦、阿格拉、瓦拉纳西等。"

"太棒了，我就是新德里人。不过多年没回去，只能看宝莱坞的电影来了解印度了。"

"哈哈，宝莱坞？我也看。"我很想说"你是乐不思蜀"，但不知道怎么表达，"伦敦繁华，你自然不想回印度啦。"

众神的尼罗河
NILE

"哦,不,不!湿婆不欢迎我。"

正聊着,晚餐铃声响了,我们便离开甲板,各自去吃饭。

当夜,船上有肚皮舞与苏菲舞表演。跳肚皮舞的大姐身材胖得难以转动,而且穿着衣服,完全看不到肚皮上的功夫。但表演苏菲舞的小哥颇有功力,圆蓬长裙快速旋转,据说平均每秒钟就要转一圈,最后他在狂舞中展开缀满小灯的长裙,光芒四射,如梦如幻。据传苏菲舞起源于13世纪的土耳其,由波斯苏菲派诗人鲁米(Rumi)创造,并称之为"旋转的冥想"。

露天博物馆卢克索
LUXOR

4.

| 露天博物馆
| 卢克索
| LUXOR

1.
死亡，或者启程？

通往冥世的旅途沿着太阳的轨迹，

从日落后开始。

当阳光渐渐消退，

太阳神将世界留在自己身后，

把光线带到看不见的深处。

在穿过死亡之国后，

在每天早晨复出，

重新充满活力。

——《亡灵书》

昨晚游轮抵达卢克索，但离市区还有点距离。今晨早起，我又看了一遍尼罗河日出。这个季节，只要你愿意，几乎每天都能看到太阳在尼罗河上升起。

露天博物馆卢克索
LUXOR

从公元前22世纪第十一王朝的法老蒙图霍特普一世（MentuhotepⅠ）建都开始，到公元前27年被地震摧毁，底比斯见证了2000多年的古埃及文明史。据说当年底比斯有城门百座，是世界上最繁华最富庶的都市，荷马史诗里称其为"百门之都"，阿拉伯人赞其为"宫殿般的城市"。曾经的底比斯，现在的卢克索，依然是埃及最具魅力的城市，被誉为"世界最大的露天博物馆"。

我的游轮之旅已接近尾声。不过，旅行社派来接我的人又迟到了。来人将我拉到卢克索，带到一辆大巴上。你猜这大巴的领队是谁？正是我在阿思旺的导游"狗粪底儿"，几天不见，没想到到卢克索也是他接待我。这只是碰巧而已，因为这一车也是拼凑起来的散客，除我之外都是阿拉伯人。

巴士穿过城市，沿路的广告牌上居然有姚明的头像，就是表情很"囧"的那张。在一堆阿拉伯面孔中，就算看到一张照片，也觉得亲切——毕竟他是中国人。

"狗粪底儿"告诉大家，第一站去尼罗河西岸的国王谷。然后开始用阿拉伯语讲解国王谷的前世今生，我听得云里雾里，不明所以。

尼罗河西岸是埃及的"死者之城"，同时被埃及人认为是生命复活、哺乳永生的开始。这里除了埋葬法老的国王谷，还有王后谷、贵族墓，以及散落在沙漠里的大大小小的神殿。过了桥，汽车在葱绿的乡野间穿行，道路两边阡陌交错，村落参差。甘蔗已到收割季节，

埃及，
尼罗河西岸

当地特有的专门运输甘蔗的小火车，突突突地，冒着白烟来往穿梭，一派繁忙景象。甘蔗林往西是黄沙漫天的沙漠，再往西坐落着有燃烧的火焰般色彩的底比斯山丘。

在与尼罗河东岸的卡纳克（Karnak）神庙相对的山谷里，因为集中了埃及从第十八王朝到第二十一王朝的64位法老的陵墓，所以被称为"国王谷"。国王谷目前只有少数墓室对公众开放。据说，除图坦卡蒙墓外，其余的墓室均被盗墓贼洗劫过，劫后余生的陪葬品都被搬到博物馆里存放。

话说，古埃及法老的陵墓不是金字塔吗？为什么国王谷又有法老和贵族的陵墓？原来，古王国、中王国时期的法老陵墓确实是金字塔，但金字塔过于招摇，经常被盗墓贼光顾，洗劫一空。到了新王国时期，尤其是从第十八王朝的女法老开始，法老们不再建造金字塔，而是选择干燥隐蔽、荒无人烟的石灰岩峡谷作为安葬地。但就算这样，还是逃不过盗墓贼的黑手。

国王谷的门票价格为100埃镑，可以参观3座墓室，我选择了拉美西斯四世、麦伦普塔赫（Merenptah）和霍伦海布（Horemheb）的墓室，另外单独买了拉美西斯六世陵墓的门票。在国王谷入口处可以看到光秃秃的号角山（el-Qurn），浑厚苍凉，寸草不生，一条孤独的公路直通上去，路两旁悬垂着巨大的砂岩石块。法老们居然选择如此荒蛮的山谷作为自己的永生之地！

坐着黄色的观光车依次参观3座陵墓，陵墓的格局大同小异，都有三道回廊、一个前庭，过道中设陷阱，里面是停放石棺和储藏金银珠宝的房间。墓道和墓室内部刻满文字和壁画，有《亡灵书》之类的祈祷文，而壁画内容则为法老和神祇在一起，或表现法老乘太阳船通过黑暗世界抵达黎明的过程。

《亡灵书》并非一本书，而是指古埃及人为亡灵所作经文的总汇，包括咒语、神名、赞美诗、辩解词、冗长的开释、各种礼仪真言等，一般雕刻或书写在金字塔、地下陵墓的墙壁或者石棺周围，每座墓地使用的内容不尽相同。按现在的话说，亡灵书就是通往永生之路的"攻略"。

埃及的法老一般甫一登基就开始修建陵墓，所以在位时间越长其陵墓就越精美。因为深埋地下，虽然历经几千年，但多数陵墓中的壁画依然鲜艳如新。拉美西斯四世陵墓顶上画着努特女神巡游蓝色天空和太阳每天运行的路线；麦伦普塔赫是拉美西斯二世的第13个儿子，即位时已60岁，他的墓室中有巨大的红色花岗岩石棺；霍伦海布是图坦卡蒙时期的军事强人，也是第十八王朝最后一任法老，他墓室中的壁画尚未完工；而单独收费的拉美西斯六世陵墓，实为五世和六世两位法老的合葬墓，墓中壁画上有太阳神穿过夜晚、击败黑暗势力抵达黎明的场景。

古埃及的壁画和浮雕是墓室重要的组成部分，多用水平线来划分画面，注重叙述性，可谓图文并茂的永生"说明书"。古埃及人将墓主的今世生平描绘在墓壁上，认为这样就能将人的今生与来世

埃及，
尼罗河西岸

连接起来，人的生命轨迹就不会被切断；而将日常所需描绘在墓壁上，就能保证墓主死后的供给。因此，墓室里的陈设一如墓主生前，应有尽有。如果不是遭到盗窃或被搬走，我们应该能在墓室里看到法老生前花天酒地的生活。

从壁画可以看出，古埃及男子不蓄胡须，据说他们只会在服丧期停止修剪体毛。但是，他们又对胡须怀有尊崇之心，男人在正式场合都要戴假胡须，法老的胡须长于普通人。在描绘男神时，也要为其画上胡须，其形状与法老类似，只是底部翘起以示区别。

古埃及人入葬也有"棺"有"椁"，制好的木乃伊先装进绘有死者容貌的"人形棺"，再置入"石椁"，同时放入一本纸莎草"操作手册"，即《亡灵书》，再由庞大的丧葬队伍送到墓地。在身披豹皮袍、戴着胡狼头面具的祭司的主持下进行"启口"仪式，等备齐干粮盘缠后，再由亡灵接引神阿努比斯带到墓室——即冥界入口，等待太阳船的到来。

阿努比斯是风暴之神塞特的儿子，也有说他是奥西里斯与奈芙蒂斯的私生子。他狼首人身，为木乃伊的守护神，在审判亡灵时，亦负责称重。在早期埃及神话中，他专门为奥西里斯的躯体涂抹香料、梳洗整理。因为法老是神，普通人不能触碰，只有阿努比斯才可以操作，所以制作木乃伊的祭司要戴胡狼头面具。

据说，胡狼之所以会成为木乃伊的守护神，完全是因误会而起。在古埃及，放置于山洞中的木乃伊会招来野兽，但胡狼不吃木乃伊，

露天博物馆卢克索
LUXOR

↑ 扮作奥西里斯模样的女王雕像

埃及,
尼罗河西岸

只会围着它转圈子，有时甚至会赶走其他靠近的动物。其实是因为木乃伊涂满防腐香料，气味难闻，胡狼无处下嘴，但又不甘心放弃。这种奇怪的现象，让古埃及人误以为，胡狼就是木乃伊保护神，哪里会想到这些家伙正痛苦地在"取"与"舍"之间纠结！

在埃及神话中，人有"巴"（Ba）和"卡"（Ka）两个灵魂。人死后，"巴"在尸体附近守护，而"卡"会前来寻找，并与之结合。如果尸体，尤其尸体头部没有保存好，"卡"可能无法识别与自己匹配的"巴"，死者将不能复活。这就是古埃及人不厌其烦地以非常繁缛的程序来处理尸体的原因。

到了傍晚时分，阿图姆领航的太阳船从日落山进入冥府水域，在入口等待的死者灵魂从身体解脱后，终于搭上太阳船，开始九死一生的重生之旅。此时"荷鲁斯之眼"和呼喊众神的名字尤其重要，因为这些名字能吓跑挡道的恶神。然后，人在阿图姆的指导下学习一番，使得"巴"和"卡"结合。一切准备妥当，就可以进入冥府真理神殿，接受奥西里斯的终极审判。

亡灵步入奥西里斯神殿，遇到众神，不仅要高唱赞美诗，而且要叫出他们的名字，更要把自己夸得像花儿一样才能通行：

荣耀归于您——奥西里斯，
双重真理的主人！
荣耀归于您，伟大的神明，

露天博物馆卢克索
LUXOR

↑ 玛特女神浮雕，她是真理正义女神，这幅画显示她正在倒水

埃及，
尼罗河西岸

双重真理的主人！

我来到您面前，我的主人，

我走上前来见证您的美德。

我从未欺诈，从未对他人做出邪恶事情，

……

——《亡灵书》

玛特（Maat）是托特的妻子，掌管正义、真理和秩序，她头顶的鸵鸟羽毛就是法律准则。在审判时，她会将亡灵的心脏与她的羽毛分别放在天平两边称重，所得结果由智慧神托特记录下来。不论心脏是轻于还是重于羽毛，都会被蹲在旁边的"食骨者"阿米特（Ammit）吞食掉，只有当亡灵的心脏与阿努比斯所掌控的砝码恰好等重，神殿上的12位大神才会判其主人获得永生，然后再搭一程太阳船，到达黎明，与家人在幸福的"阿鲁之地"（Aaru）团聚。

这个神话中让人惊叹的是，古埃及人至少在四五千年以前就会使用台式天平！

参观完毕，我的"永生之旅"终于完成了。这个参观证明了我在一部纪录片中所看到的：法老的陵墓就是一部"复活机"，里面的壁画和文字则构成"死亡黑经"，其实就是古埃及人的"复活指南"。

露天博物馆卢克索
LUXOR

2.
最伟大的女人

> 如果不想让整条街的人都知道，
> 就不要把秘密告诉妻子。
> ——古埃及谚语

古埃及的标签是尼罗河、金字塔、荷鲁斯和众多流芳百世的法老，这其中就包括哈特谢普苏特（Hatshepsut），虽然名字拼读起来有些绕嘴，但她被誉为埃及历史上最伟大的女人。

从国王谷出来，南行不远就是德巴哈里（Deir el-Bahri）。最先进入视野的是怪石嶙峋的石灰岩悬崖，荒芜苍凉，苦焦厚重，就像一扇弧形的土屏风。女法老的纪念神庙依山而建，远远看去，与众不同的三层格子状建筑，让人想起手风琴的键盘，似乎要奏出赞美的乐章。

"德巴哈里"意为"北方修道院"，是基督徒的"杰作"。与

埃及，
尼罗河西岸

↑ 哈特谢普苏特是埃及最伟大的女法老，这是她的纪念神殿

露天博物馆卢克索
LUXOR

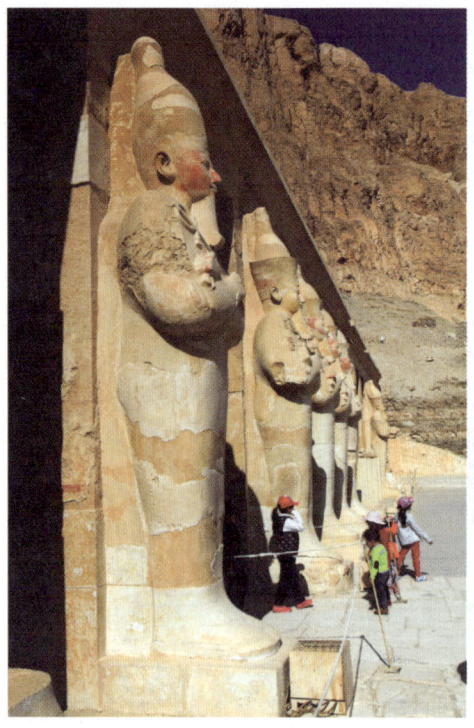

← 哈特谢普苏特神殿第二层平台上仿照冥神
　奥西里斯的法老雕像

→ 第二塔门里面是卡纳克神庙最气势
　恢宏和最令人激动的多柱大厅

埃及，
尼罗河西岸

菲莱神庙的遭遇一样，罗马基督徒曾大肆破坏这座具有3400年历史的神庙，继而将其改造为修道院。但现在的埃及人似乎不介意罗马基督徒的"恶行"，门票上的名称依然是"德巴哈里"。

哈特谢普苏特是开创古埃及一代盛世的第十八王朝法老，为图特摩斯一世（Thutmose I）与王后唯一的女儿，也是图特摩斯二世同父异母的姐姐和妻子。据说，她打小容貌和行为都像男孩，有成为"女汉子"的潜质。幸运的是，体弱多病的弟弟兼丈夫成全了她，图特摩斯二世继位后她独揽大权。这还不算，几年后图特摩斯二世病死，因为名不正言不顺，她安排图特摩斯二世与偏房生的儿子和自己的亲生女儿完婚，然后扶持他继位，是为图特摩斯三世，她开始"垂帘听政"。

大可不必计较古埃及王室乱伦的狗血剧情，因为他们认为，血统纯正与否，主要取决于女性。所以，古埃及女性虽然处于从属地位，日常有些禁忌，但男女基本平等。据史料记载，古埃及女性经济独立，可继承财产，能自由恋爱。传统规定女性不能参政，但实际有许多王室女性却不吃那套，阿蒙霍特普三世的王后泰伊（Ti）、阿肯纳顿的王后奈菲尔提提（Nefertiti），都曾参政议事。但是，女性要登上王位，还是受到传统和世俗的束缚。

如今人们所见的哈特谢普苏特神庙为后来精心修复而成，后半部分直接于悬崖上开凿，与土黄色的山岩融为一体。据说最初由女法老的朝臣——或许是情人塞那莫特（Senenmut）设计，巧合的是，它与尼罗河东岸的卡纳克神庙在同一条中轴线上，不过，当年壮观的斯芬克斯王道，如今只剩一尊头部残缺的狮身人面像。

值得一提的是，这里曾发生过震惊世界的"卢克索惨案"。1997年11月17日上午10时左右，在神庙入口处，6名恐怖分子突然端着冲锋枪向游客疯狂扫射，当场有58名外国游客和4名埃及警察遇难，20多人受伤。凶手在驾车逃跑途中与闻讯赶来的警察展开枪战，被全部击毙。事发当天，一个自称"伊斯兰集团"的组织声称对事件负责。

一朝遭蛇咬，十年怕井绳。现在这里的安保非常严格，手持冲锋枪的警察晃来晃去，据说连看庙人的长袍子底下都藏着枪支。

虽然手握大权，但哈特谢普苏特并不满足于"垂帘听政"。摄政6年后，她将小法老流放到偏远地区。在祭司们的帮助下，她把自己塑造成太阳神阿蒙的女儿，如愿登上法老宝座。她在位时，开始"韬光养晦"，停止对外战争，发展经济，与邻国进行商贸往来，将国家打理得繁华而富庶；同时大造神庙，除了此处"最神圣的地方"外，还为世人留下许多方尖碑，极力赞颂太阳神。

神庙共分三层，通过中央阶梯状坡道可达上面两层。

最底层建筑的墙壁上绘有从采石场运送方尖碑过程的壁画：在采石场将切凿出来的独块石料雕刻妥当，从阿思旺装船，花7个月时间运到底比斯。抵达目的地后，人们将方尖碑牵引上一个预先用土堆成的斜坡，然后利用其本身的重力将它竖直立于基座之上。阿

埃及，
尼罗河西岸

思旺的旧采石场里有一根未完工的方尖碑，由它可以推断，古埃及人是用简单工具，从整块矿床上切割开凿出了方尖碑。

第二层的平台是神庙最精彩的部分：门两边柱廊前有双手交叉于胸前的奥西里斯神像，墙壁上有表现女法老派遣贸易船队远征蓬特（Punt）途中所见奇闻逸事的浮雕。柱廊右侧是阿努比斯圣堂，里面的雕塑已被损坏；左侧是哈索尔圣堂，有戴着假胡须的女法老与化身为母牛的哈索尔互动的浮雕。

底比斯人曾经崇拜阿匹斯（Apis）圣牛，认为它象征丰饶的生产力，称之为"活着的普塔神"，古时甚至有埃及女子在庙内裸体供奉、把下体献给"金牛"的事情。不过，哈索尔是丰饶女神，常见的化身是母牛，或流着白色牛乳状液体的无花果树。

上层平台有在岩壁上开凿的阿蒙神庙，但并不对外开放。

哈特谢普苏特纪念神庙南侧有第十一王朝创建者蒙图霍特普（Mentuhotep）纪念神庙和图特摩斯三世纪念神庙，可惜现今只见断壁残垣。

哈特谢普苏特执政15年后，图特摩斯三世重登王位。而女法老从此不知去向，同时失踪的还有祭司塞那莫特和她的女儿。史学家无法解释哈特谢普苏特如何失去了权力，也说不清她的死因。考古认为，图特摩斯三世执政晚期，女法老刻在纪念碑上的大部分文字和形象都被抹平，到底是谁下的命令，目前还有争议。其实，女法老在位的最后几年，图特摩斯三世已掌管军队。可以推断，她信

露天博物馆卢克索
LUXOR

↓ 哈索尔雕像

↑ 最里面的图特摩斯三世节日大厅

埃及，
尼罗河西岸

任图特摩斯三世,甚至有交割权力的意愿。

可见图特摩斯三世并不是任人摆布的皇帝。女老法过世后,叙利亚的卡叠石国王想给图特摩斯三世一个下马威,便集结迦南(Canaan)联军准备反叛。图特摩斯三世率军穿过只能行走单人单骑的阿鲁纳(Aruna)通道,突然出现在美吉多(Megiddo)要塞。两军对垒,他身先士卒,很快击溃叛军。可惜埃及军队纪律涣散,因为抢夺财物,没能趁势扩大战果,使叙利亚人逃进美吉多城。图特摩斯三世下令砍光城池周围的无花果树和橄榄树,断水绝粮,围城7个月,终于迫使敌人投降,这就是著名的"美吉多战役"。

随后的20多年中,图特摩斯三世率军攻取几百座西亚城池,设置总督;南征努比亚,将帝国版图扩展到尼罗河第四瀑布,古埃及步入空前鼎盛时期。同样是卡叠石,若论战果,图特摩斯三世完胜,而拉美西斯二世勉强打平,甚至在战役前期差点丢掉性命,但因为宣传做得好,卡叠石成了拉美西斯二世最有效的广告。

事实上,图特摩斯三世是多项领域的改革者,被称为"埃及拿破仑",可谓一代枭雄。女法老也许慧眼识人,所以前期让他掌管军队,应该是有意栽培。

最新考古证实,国王谷发现的一具女性木乃伊可能就是哈特谢普苏特。这具木乃伊目前保存在埃及国家博物馆里,我在埃及国家博物馆见到的女法老体形略胖,牙齿不好,弯曲的左手指甲上涂着红色颜料。据说她生前患有糖尿病和关节炎,很可能死于骨癌。奇

露天博物馆卢克索
LUXOR

怪的是，图特摩斯三世在位晚期才想起消除她统治时期的记录，其原因令人费解。

哈特谢普苏特是古埃及历史上最著名的女法老，但她不是第一位女法老，也不是最后一位。在她之前有第一王朝的美尔奈茨（Merneith）、第十二王朝的索贝克诺弗鲁（Sobeknofru）；之后有古埃及最美的女人奈菲尔提提和第十九王朝的图丝儿特（Tawosret），而古埃及最后一位女法老是著名的"埃及艳后"克丽奥佩特拉。

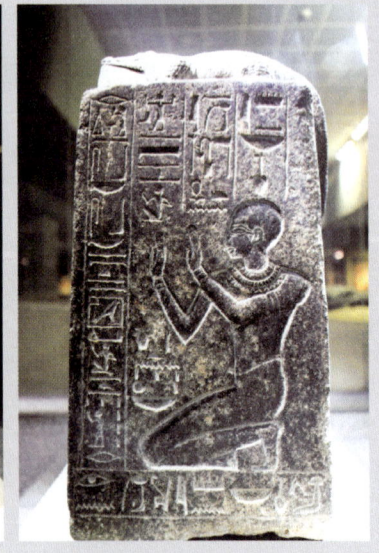

↑ 古埃及人祭祀场面　　↑ 古埃及人祭祀场景

埃及，
尼罗河西岸

3.
献给太阳神的礼物

我们的午餐于泊在东岸的游轮上解决，伙食质量远不如我所搭乘的太阳船。不知怎的，其他人或许不满"狗粪底儿"的安排，僵持半晌，都散伙了。下午的行程，他只好换辆七座小型车带我们四五个人去卡纳克神庙。

相对于西岸，尼罗河东岸代表新生和成长，是活人居住的地方，而且这一带景点比较集中，除卡纳克神庙外，还有卢克索神庙和博物馆。

古埃及人建造神庙，除了祭祀和办公之用外，最重要的作用就是记录历史。神庙布局大同小异，一般由神道、塔门、庭院、多柱大厅、莎草柱廊和神殿祭坛组成，或者附设诞生屋、储藏室等。其中斯芬克斯、巨型石柱和方尖碑，为古埃及最经典的象征。

如果让我给古埃及文明遗迹排名，毫无疑问，这第一的位置当属卡纳克神庙。无论建筑的气势规模，还是在记录历史的真实性方

露天博物馆卢克索
LUXOR

↓ 发掘前的卡纳克神庙图片，公羊斯芬克斯深埋地下

↑ 修复前破败的卡纳克神庙图片

埃及，
尼罗河西岸

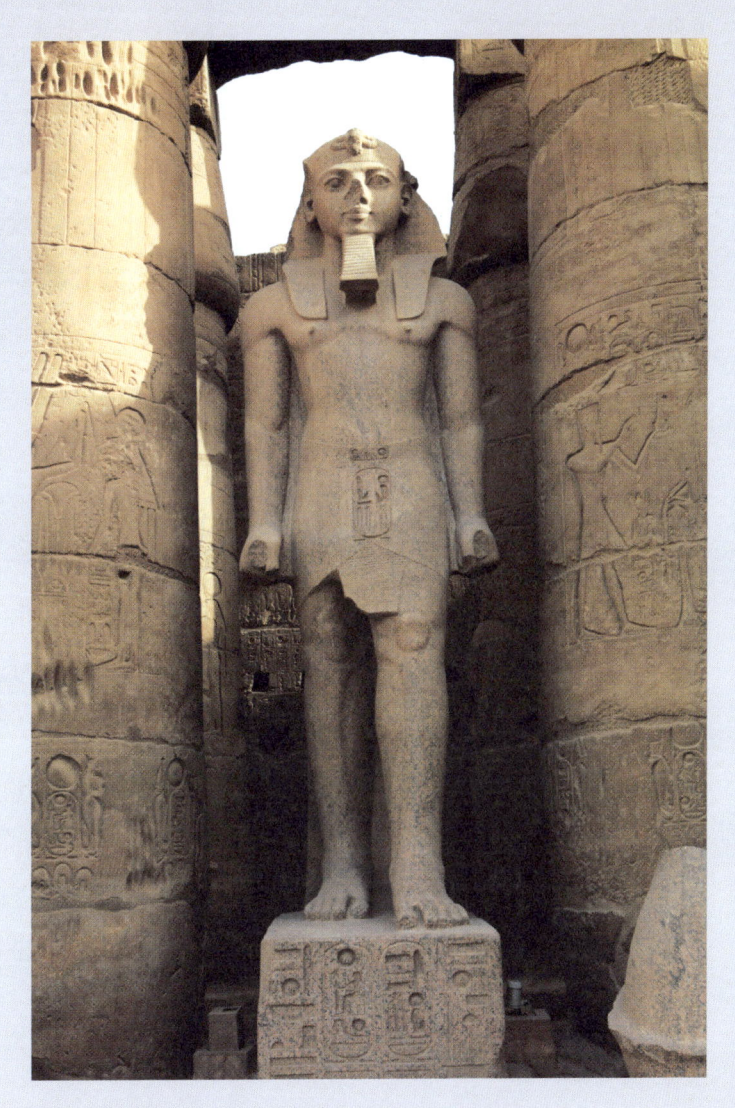

↑ 卢克索神庙里的拉美西斯二世雕像

露天博物馆卢克索
LUXOR

面，卡纳克神庙堪称古埃及建筑的翘楚，它完美再现了古埃及的社会风貌。

神庙的安检大厅中有图片展示了发掘、修复神庙的过程。看起来，幸好大众旅游业兴起，使埃及人从神庙获得了实实在在的价值，否则建造神庙的巨型石料就会变成当地人的房屋基石。作为新王国时期"最受尊重的地方"（Ipet-Sut），卡纳克神庙是法老献给阿蒙的礼物，里面供奉着"底比斯三神"和风光无限的法老，对它的修建与扩展持续了将近1500年。现在看到的建筑多为第十八王朝到第二十王朝法老们的作品，其中最重要的是阿蒙神庙围场，而其北的蒙图神庙和其南的穆特神庙通常被忽略。

阿蒙原为底比斯传说中的创世神。新王国时期，来自底比斯的法老开始统治埃及，最初的地方小神阿蒙借此一跃成为至高无上的法老保护神和众神的领导，或与孟菲斯的太阳神结合成为"阿蒙-拉"，共享尊崇。这座献给阿蒙的神庙在鼎盛时期拥有无数财富，即使是被异族洗劫之后的遗存，依然是埃及最美丽的建筑。

2015年6月10日，埃及警方挫败了一起发生在卡纳克神庙附近的自杀性恐怖袭击事件，其中一名武装分子引爆自己身上携带的炸弹，另外两名一人被击毙，一人受重伤被警方拘捕。也许受到太阳神庇佑，袭击中并无游客伤亡。

神庙广场上有零星的几株棕榈和椰枣树，风情万种，摇曳生姿，给砂色的城市带来一抹生机。穿过广场，走近没有完工的第一塔门，

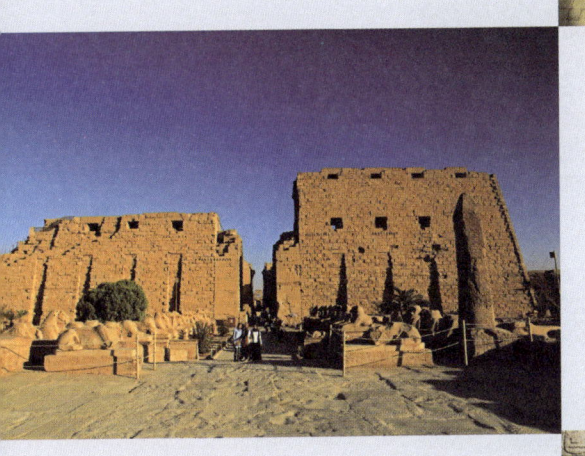

↑ 建在卢克索神庙上面的清真寺
← 卡纳克神庙的第一塔门，门前是著名的公羊
↓ 卡纳克神庙，满墙战俘雕像

露天博物馆卢克索
LUXOR

↓ 卡纳克神庙门前的公羊雕像，前面小人是法老，表示受到阿蒙神的保护

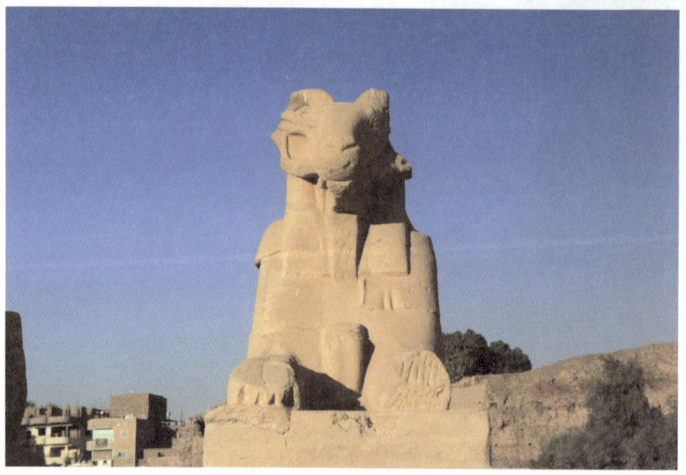

↑ 卡纳克神庙前的公羊雕像

埃及，
尼罗河西岸

前方就是百余米的斯芬克斯大道,路两旁对称地排列着长着公羊头的斯芬克斯雕像。公羊神情平和,沉稳威严,是太阳神阿蒙的化身,代表强大的繁殖能力。公羊前有法老的小石像,象征着法老受到太阳神的保护。

这个场景在许多电影电视镜头里都曾出现过,但身临其境,还是感到非常震撼。据说以前卡纳克和卢克索神庙间有一条长达3公里的狮身人面斯芬克斯王道,如今卢克索神庙前的一部分已经清理出来了。埃及的建筑多用石料,再加上当地气候干燥,所以几千年前的神庙仍能完整保留下来,而中国的建筑多为土木结构,很难长久留存。

通过第一塔门来到巨庭,背面有泥砖废料堆成的斜坡。不难想象,建造塔门时,工人们都是通过滑轮和绳索将巨石沿斜坡拉上去,想来金字塔的建造流程也无非如此。

迎面立着一根约21米高的石柱,据说原有10根,现仅存的这一根比较完整;石柱旁有一个雪花石祭坛,为第二十五王朝的努比亚法老塔哈卡(Taharka)所建亭子的遗址;左侧是塞提二世神殿,原来在其中放置运送底比斯三神的圣船;右侧是拉美西斯三世神殿,同样由塔门、柱廊、柱厅和内殿组成,外墙有描绘奥佩特(Opet)节时,人们抬着"底比斯三神"游行庆祝的场面。

在尼罗河泛滥的第二个月,游行的人们会抬着"底比斯三神"——阿蒙、穆特和孔苏沿着斯芬克斯王道,一直走到卢克索神

露天博物馆卢克索
LUXOR

庙。途中在圣船神庙举行仪式，或乘船沿尼罗河逆流而上。这个过程要持续二周到四周，以让古埃及人知道法老是阿蒙的化身，受到太阳神的保护。

石柱后为第二塔门，塔门两侧有8米高的拉美西斯二世雕像，雕像的两腿间站着真人大小的王后雕像。与阿布·辛贝的哈索尔神庙前等高的法老夫妇雕像相比，这种排列才符合古埃及的传统。事实上，古埃及夫妇等高的雕像极其罕见。据说，如果雕像的双脚并排，说明该法老执政时相对和平；而许多雕像双脚一前一后，表示其在位期间战乱频繁。

走进塔门，是神庙气势恢宏的多柱大厅：134根巨型石柱就像盛开的纸莎草，直入天际。中央过道的12根石柱更是高达22米，直径3.4米，柱身刻满浮雕，留有绘画，有些甚至色彩尚存，当年的壮观依稀可见。大厅原来有顶，现在只剩部分残余。大概因为穹顶极高，所以躲过了尼罗河泛滥造成的破坏，目前残留的色彩依然亮丽。

这一刻，深蓝的天空斜挂着一轮弯月，虽然在傍晚的阳光下并不那么显眼，但在这巨型的石柱丛中仰望，光影斑斓，扑朔迷离，一瞬间，我仿佛感觉自己站在法老时代的沼泽中，正在接受月神的馈赠。

四周墙壁刻有法老征战叙利亚的场景，北墙为塞提一世时期的浮雕，南墙则刻着拉美西斯二世与赫梯帝国所签的军事和约的内容。

← 卡纳克神庙第二塔门前，一根约21米高的石柱

→ 卡纳克神庙第二塔门前的拉美西斯二世雕像

露天博物馆卢克索
LUXOR

当时，赫梯国王哈图西里三世派人把写在银板上的和议草案送至埃及，拉美西斯二世据此拟订了自己的草案，再回送哈图西里。条约规定，双方"永远不再发生敌对"，永远保持"美好的和平和美好的兄弟关系"；双方实行军事互助，共同防御任何入侵之敌；双方承诺不得接纳对方的逃亡者，并有互相引渡逃亡者的义务。

这就是著名的《银板和约》，后来拉美西斯四世将和约制成特大型的莎草纸文件，为世界上最早有文字记录的国际军事条约，也是世界上最早的和平条约。

一位研究拉美西斯的学者说："在古代，还没有哪一次战争拥有如此多的史料。拉美西斯归来后，在王宫的墙壁上，在阿布·辛贝、卡纳克、卢克索神庙都刻了描绘战争的场景。这些巨型的艺术品分别展示了士兵、埃及人安营扎寨、战斗场面以及被俘的士兵。当然，占突出地位的还是拉美西斯，在画面中，他只身一人击溃敌军。"

穿过第三塔门，这里原有四座方尖碑，现在仅剩图特摩斯三世竖立的一座。往前是图特摩斯一世修建的多柱厅，原有两座由哈特谢普苏特为她"父亲"阿蒙建造的方尖碑，目前仅存一座，高达30米，为埃及之最。上面写着："竖立这座碑是想让后人知道，我想给父亲阿蒙神一件礼物，且以金银为其增色。"由此可见，方尖碑的顶端曾包金裹银，光华四射。

图特摩斯三世晚期，可能是为了消除女法老的影响，将她所建

埃及，
尼罗河西岸

造的方尖碑封存了起来，但也因此这座方尖碑得以保留完好，现今还能看到清晰的被封存过的印迹。另一座已经倒塌，上半截被遗弃在圣湖边，与巨大的圣甲虫雕塑默然相望。

方尖碑是除金字塔以外，古埃及文明最有特色的标志，是用整块花岗岩雕成的尖顶方柱，常常重达几百吨，四面刻有象形文字，通常奉献给太阳神阿蒙。因塔尖以金银包裹，当阳光照射其上时，光芒四射，所以古埃及人认为，方尖碑是法老与太阳神进行沟通的工具，是古代版的"同声传译"。如此一来，古埃及人认为，只要在方尖碑前奉献祭品，太阳神自会显灵。这种祭品通常为人的心脏，心脏来自战俘、异族人，甚至本族人。此外，方尖碑还有纪念、装饰和象征的作用。

图特摩斯三世想方设法消除女法老的影响，没料到，他的行为却让她的故事更为传奇。当然，他也没忘记宣传自己：他将著名的"美吉多战役"的经过用象形文字雕刻在走廊两边的墙上，为后人留下了珍贵的史料。

前行经过第五、第六塔门来到曾被波斯人洗劫过的阿蒙神殿，此处虽在希腊化时期重建，但看点不多。再往前穿过中王国庭院，里面就是图特摩斯三世节日大厅，其中有一些精美的雕花石柱。

站在节日大厅之中，夕阳的光芒凝聚成一束，透过窗户，又散成几瓣，如火焰般跳跃在古老的建筑之上，使得雕花石柱和残破的围墙仿佛燃烧起来。

露天博物馆卢克索
LUXOR

因为历朝历代不断扩建，卡纳克的建筑呈"T"字形排列，有两条中轴线。从第一到第六塔门，与尼罗河垂直的建筑为第一轴线；返回多柱大厅前，沿第七塔门往南，与尼罗河平行的院落组成第二中轴线。第七到第十塔门可通往穆特神庙。其中第八塔门由女法老所建，刻在塔门上的文字中，将她的继位归因于图特摩斯一世。卡纳克东面是圣湖，据说阿蒙祭司早晚都会在湖里沐浴净身，以表示对太阳神的尊崇。但是，安检大厅里的发掘图片显示，圣湖曾经被当地人用来饮牛饮羊，近世几近干涸。

圣湖不远处就是已经倒塌的哈特谢普苏特所建的方尖碑，其上记录了哈特谢普苏特即位时的场景，旁边基座上有一只巨大的圣甲虫。

埃及人认为圣甲虫凯布里是清晨的太阳神，这一观念似乎为整个非洲所接受。他们认为，太阳每天圆嘟嘟地滚出地平线，是因为凯布里在推着"滚粪球"。好莱坞电影《木乃伊》中，圣甲虫被描绘成吃人不吐骨头的可怕虫子，实在是误解了古埃及人的原意。

一路走来，菲莱、阿布·辛贝、考姆翁布的神庙各有千秋，并没有让我产生审美疲劳。而卡纳克是古埃及建筑的集大成者，几乎古埃及文明所有的标签：斯芬克斯、纸莎草柱、象形文字、方尖碑、太阳神、圣甲虫和法老们，都在这里得到了具体而细微的呈现。其精致壮美，令任何语言和夸饰都显得苍白。

埃及，
尼罗河西岸

走出塔门，"狗粪底儿"正在广场上跳着脚喊我，原来他已等候多时。如果单独送我，他需绕道尼罗河西岸，至少需要 40 分钟，于是我便让他将我放在卢克索神庙附近的码头，我自搭渡轮穿过尼罗河，再走 10 分钟便回到了酒店。

露天博物馆卢克索
LUXOR

4.
西岸，不朽的哈布城

我在尼罗河西岸的住处位于考姆劳拉村（Kom Lolah），是一座独门独院的三层小楼，虽然挂着酒店的招牌，其实是私人客栈，由两兄弟经营。哥哥老成持重，主要打理客栈；弟弟圆滑洒脱，提供租车服务。房间整洁干净，每晚含早餐120埃镑，对我来说，性价比很高。

我在开罗遇到的北京朋友诃子比我早到一天，已经看完多数景点。第二天太阳还没出来我就将她叫醒，商量今天的行程。最重要的国王谷和女王殿已经参观完毕，其余陵墓和神庙，不宜贪多，便挑选哈布城神殿（Medinat Habu）、拉美西斯二世神庙和德尔麦迪那（Deir el-Medina），王后谷和贵族墓等放弃。我参观哈布城，诃子去女王殿，然后会合去剩余的两个景点。和二掌柜汉布拉（Hambra）商量包车价格，最后以150埃镑成交。

早餐比较简单，只有烤面包片、煎蛋和咖啡。诃子神秘兮兮地

→ 山岩下的女王殿

↑ 哈布城神庙的院子
↓ 哈布城神殿墙上的浮雕

← 哈布城，一个当地人追着我进行讲解

露天博物馆卢克索
LUXOR

告诉我,这汉布拉对她有好感,不时发微信表达爱慕之情。我记起游轮服务员阿布艳遇的故事,便告诉她,按照埃及人的观念,一个女子独自旅行,就是为了寻求刺激,埃及人未必会付出真感情。

买完票,汉布拉将我放在哈布城,便带着诃子去了女王殿,约定一小时后来接我。

哈布城是拉美西斯三世的纪念神殿,正如许多旅行者所言,它是尼罗河西岸最被低估的遗迹。哈布城早期的建设者是女法老和她的继任者图特摩斯三世,后来继任的法老们不断添砖加瓦,将这里打造成一座集神庙、王宫、住宅、作坊、储藏间和办公室为一体的城镇,被誉为"不朽的建筑",一度是底比斯的经济和生活中心。罗马化时期,这里又成了基督教的控制中心,直到公元9世纪,被一场瘟疫摧毁。

今天的太阳似乎有点儿疲惫,泛着厌世的白光。哈布城游客稀少,只有我一人参观。庙祝看到有客人来,懒洋洋地站起来看一眼门票,便继续晒太阳了。

与卡纳克一样,哈布城最醒目的建筑是拉美西斯三世神殿,据说是仿照其先祖拉美西斯二世的神庙而建。拉美西斯三世是古埃及第二十王朝——也是新王国最后一任法老,活到65岁,在位31年。他首开使用外族雇佣兵的先河,借用雇佣兵两次击败利比亚人,并远征巴勒斯坦,战功卓著,也算是一代传奇。

和其先祖一样,拉美西斯三世也喜欢宣示武力,将自己的功绩刻在神庙墙壁上。不过，叙利亚门上法老打击敌人的浮雕已经有些模糊，门口有两尊人身狮首的赛克迈特（Sekhmet）女神像，头部已被损坏。"赛克迈特"意为"强大、非凡和暴烈"，她是普塔的妻子，法老的保护神，主司战争与破坏。

入内是广场，左侧为女祭司墓，右侧是阿蒙神庙。游赏的重点在第一塔门，塔门上雕刻着拉美西斯三世一手扬起权杖，一手抓住一串敌人的头发暴打的形象，刻画了许多小人物，表现出了法老以一当十的英武。

进入第一庭院，塔门左边墙刻绘法老乘战车射击利比亚人的场面；右边墙壁有一幅血腥残忍的浮雕：书记员正在计算堆放的断手和生殖器来考量战役的结果——在古埃及，战士每杀死一名敌人，便会砍下他的手掌或生殖器以报战功。庭院左边巨柱前多石像，后面是原宫殿遗址，尚留有一扇"露面窗"。

拉美西斯三世虽然击败来犯的敌人，但这种劳民伤财的尚武，使他再也无力抑制亚洲势力的崛起。在他执政的第29年，发生了古埃及历史上有记载的第一起罢工事件，起因是人们无粮糊口，后来问题虽然得以解决，但更大的阴谋接踵而至。

第二庭院四周是柱廊，柱子或圆或方，刻满象形文字和宗教浮雕，有些甚至依然色彩鲜艳。往里进入多柱大厅，与卡纳克不同的是，房顶还在，其上也刻满了浮雕，内容多为法老与众神互动的场面。

拉美西斯三世的死因比较蹊跷。他妻妾成群，但不立王后不立

露天博物馆卢克索
LUXOR

↑ 哈布城神殿门道里的狮首女神赛克迈特雕像

埃及，
尼罗河西岸

王储，岂不是为政变打好了基础？一份莎草纸档案记载着王妃泰亚（Tiye）与同党谋害拉美西斯三世的经过：她企图立自己的儿子彭塔瓦尔（Pentawere）为王储，"一名叛逆者制作了国王的蜡像，用咒语迷惑士兵，使其不能行动"。但阴谋很快败露，泰亚及同伙40余人被抓，多数人被投入火中烧死。彭塔瓦尔被判自尽，据说埃及国家博物馆里"尖叫的木乃伊"可能就是他。

据说拉美西斯三世没等到谋杀案审判结束就撒手人寰，具体死因众说纷纭，有毒蛇致死说，有被割喉说，莫衷一是。最新的扫描发现，他的喉咙有刀伤，可能确实是遭多人袭击而死。继任者是他的第五个儿子，即拉美西斯四世，当时年纪已40岁左右。他在位6年，当时埃及国力已经下降，因此他在国王谷的陵墓非常简洁。

我从哈布城出来的时候，诃子已经按约定在门外等候，我们准备同去拉美西斯二世神殿。

拉美西斯二世神殿破败不堪，其中几乎没有完整的建筑。里面有一尊坍塌在地的拉美西斯二世巨像，还有一尊雕像的头部被遗弃在第二庭院内。这个看起来有点凄凉的场景，曾被英国诗人雪莱嘲笑。除此之外，庭院墙壁上刻有"卡叠石战役"的浅浮雕和以象形文字刻写的《银板和约》。今古对照，难免让人感怀：法老生前建立不世功业，追求永生，死后却连尊雕像也保不住，终究落得四分五裂。

露天博物馆卢克索
LUXOR

↓ 坍塌严重的拉美西斯二世纪念神殿

↑ 已经倒塌的拉美西斯二世巨像

埃及,
尼罗河西岸

5.
他们曾经在这里罢工

世界白天属于法老，夜晚属于猫。

——古埃及谚语

突然，祸事了。一个小年轻开着"三奔子"快速后退，撞到了汉布拉的车头。他下车看了看，只说了一句"别开那么快"，就让那小年轻走了。我下车查看，前脸有明显刮痕，虽然不严重，但这可是新车。我问："没事吧？"答曰："没问题。"

埃及人似乎没有车辆保险的概念，这种小刮擦事故，一般双方不会理论，既不报警也不赔钱。其实，埃及人开车几乎完全不遵守交通规则，即使在开罗，车辆也是见缝插针，互不相让，磕磕碰碰是常态，要是理论起来，大家都别走了。

我们现在要去的地方叫"德尔麦迪那"，意为"城市修道院"，听名字显然与基督教有关。此地也叫"工匠村"，埃及新王国时期，

露天博物馆卢克索
LUXOR

↓ 德尔麦迪那神庙墙壁上的古埃及诸神

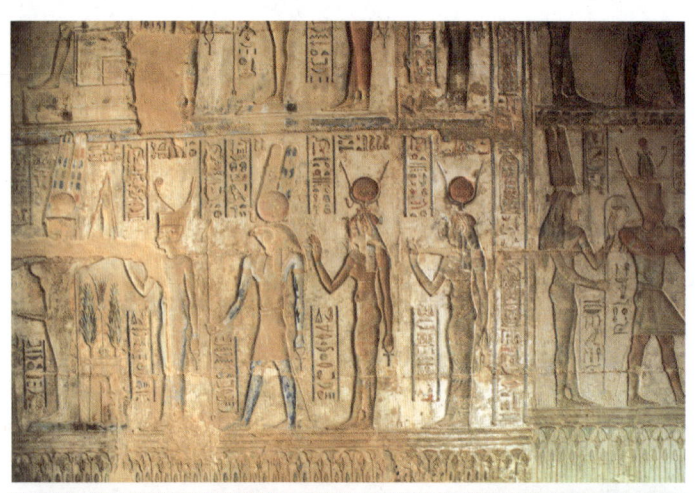

↑ 德尔麦迪那神庙墙壁上的诸神，从左到右依次为明神、阿努比斯、克努姆

埃及，
尼罗河西岸

为法老和贵族修建墓地的工人就住在这里。岁月流逝，几个世纪后，原来的"工棚"发展成为繁荣的村镇。拉美西斯三世统治的第29年，居民们进行了世界史上第一次罢工，罢工不但因为工人的口粮没有如期运到，还因为官员们扣押了一船按摩油膏。而按摩油膏是工人报酬的一部分，相当于现在的防晒霜，能有效遮挡沙漠火辣辣的阳光。

目前考古发掘出来的工匠村落遗址散落在底比斯山坡上，只留下了石头筑成的地基和围墙，或者零星的灌溉管道，看起来荒芜贫瘠，不像适宜人生存的样子。然而，考古证明，工人们生前住在这里，死后也埋葬于此。工匠村落附近的古纳村（el-Gurna）就建在贵族墓上，搬迁工作已经持续了100多年，但至今还有人居住。

从工匠村罢工事件可见，对古埃及人来说，作为"化妆品"的油膏非常重要。制作油膏时，古埃及人通常会加点儿香料，制成"润肤露"。而贵族阶层的男人们在宴会或庆典前，要花点时间打扮自己，描出浓浓的眼妆，黑色的眼影和眼线一直延伸到双鬓发际，就像太阳神荷鲁斯。古埃及文明的现代标志——图坦卡蒙的黄金面具价值连城，面具的前额是象征王权的眼镜蛇和兀鹰，眉毛、眼线处镶嵌着天青石，眼睛则采用黑曜石和石英石，将小法老的面庞刻画得非常精致，正体现了这种风尚。古王国时期流行孔雀石颜料所画的翠绿色眼线，而新王国则崇尚黑色。

村落遗址左边有几座雇工的陵墓。陵墓的主人之一因赫卡

露天博物馆卢克索
LUXOR

↓ 工匠村里，几个当地人正在下石子棋

↑ 挖掘出来的工匠村遗迹

埃及，
尼罗河西岸

（Inherka）是第十九王朝的工人，生前在国王谷工作。他的陵墓很小，陵墓中的壁画精美细腻，色彩如新，多为描绘他家庭生活的画面。陵墓左侧的墙壁上画着一只猫在树下杀死蛇的场景，据此，有考古学家认为猫最早由古埃及人驯养。据说猫代表太阳神，蛇则代表阻止太阳神通过黑暗世界的阿波菲斯。另一座工人墓室也小巧别致，墙壁上绘有主人在棕榈树下祈祷的画面。其实，这几位雇工并非普通的工人，他们至少是设计师或者艺术家，否则也没有能力为自己建造如此华美的陵墓。

有人翻译了工匠们献给墓地保护女神的祷文：

我献上祷文，请女神明鉴！
我来到人世，成为"真实之地"的工匠，
我无知而愚笨，不懂善恶之分，犯下许多亵渎女神的罪行。
她降罪于我，使我日夜受苦，
……

看来，工匠不知道怎么得罪了女神，正在请求她的宽恕。祷文的最后呼吁所有信徒都不要触怒女神。

从工匠陵墓的壁画看来，古埃及的底层百姓也有爱美之心，他们节庆时会戴假胡须和假发。说到假发，古埃及的祭司是个例外。据说为表圣洁，男祭司会拔光所有的体毛，包括眉毛和睫毛。

露天博物馆卢克索
LUXOR

↑ 这幅工艺品画，记录了比较完整的亡灵审判场景

← 纪念品店里的古埃及法老纪念品

↓ 古埃及男孩的割礼场面

埃及，
尼罗河西岸

其实，对古埃及人来说，厚葬不过是约定俗成的仪式，对来世的怀疑之声从来没有间断。第七王朝的《竖琴之歌》中这样说：

何谓幸福？智者问。
家庭温馨总会消失，所作所思，尽归黄土，无物揭示。
今天欢享盛宴，死时一无所恋。
人总有一死，一去不回头。

没有谁会真的指望死者复活。公元前1世纪，有人假借孟菲斯一位祭司妻子的话，认为活着应该及时行乐：

……
阴间的世界漆黑一片，
那里是死者的伤心之地。
他们长眠不醒，相伴为邻，
他们不再认识自己的父母，
再也感受不到妻儿的思念。

从工匠陵墓向北穿过工匠村小巷，就到了德尔麦迪那神庙。此地游人稀少，庙祝正在和兜售纪念品的小贩下石子棋：在地上画出方格棋盘，以不同颜色的小石块为棋子，规则类似围棋，将对方棋

露天博物馆卢克索
LUXOR

← 德尔麦迪那神庙壁画，亡灵在真理大厅接受审判的场景

← 德尔麦迪那神庙诸神浮雕，从右至左依次为伊西斯、荷鲁斯、哈索尔、阿努比斯

← 巨大的"门农"神像，实为古埃及法老阿蒙霍特普三世

埃及，
尼罗河西岸

子堵在角落里就算赢得一子。

神庙建于托勒密时期，是爱神哈索尔和秩序女神玛特的居所。里面的壁画和浮雕没有遭到基督徒破坏，依然色彩鲜艳，保存比较完整，多为冥界真理大殿审判亡灵的场景。此处的墙上出现了一个有趣的家伙——"明"（Min）神。明神主司生产与收获，也是道路和沙漠旅行者的守护神，曾与阿蒙结合，代表强大的繁殖力。古埃及人献给他的祭品通常是莴苣，据说，只要吃掉祭品莴苣，就意味着已经成年。因为象征繁殖力，所以壁画中的明神的生殖器夸张地勃起。

论起宗教中的生殖崇拜，以印度教（Hinduism）为最，印度的克久拉霍（Khajraho）甚至获得"性都"之称，神庙中的性爱雕塑令人惊叹，在加德满都（Kathmandu）的印度教神庙中亦能看到类似内容。印度耆那教（Jainia）的雕像通常也以裸体示人，但耆那教却主张禁欲。此外，本提倡清心寡欲的佛教，传于西藏后受印度密教的影响，也演化出了主张性力修行的派别。

从德尔麦迪那神庙返回的路上，我经过了高达18米的"门农"（Memnon）巨像，此处为尼罗河西岸唯一不收门票的景点。门农原为古希腊神话中的人物，此雕像名实不副，原型实为阿蒙霍特普三世与王后泰伊。雕像原为神殿的一部分，但神殿已不复存在，只留下雕像看尽桑田沧海。当地人说，很久以前北面的神像会在日出时分发出呼啸声，因此罗马人称其为"哭泣的门农"，但被罗马人

露天博物馆卢克索
LUXOR

↑ 古埃及人的生殖崇拜

埃及，
尼罗河西岸

修补后，石像便沉默了。目前神殿遗址正在挖掘中，门农身后的几尊巨像应该是新出土的文物。

"阿蒙霍特普"意为"阿蒙的仆人"，阿蒙霍特普三世是图特摩斯四世的儿子，第十八王朝的法老，在位38年。埃及国家博物馆中庭巨大的石像就是阿蒙霍特普三世和王后泰伊，他们是宗教改革者阿肯纳顿的父母。第十八王朝是古埃及最辉煌的时期，约对应中国商朝时期，为世界上第一个有直接同期文字记载的王朝。

卢克索的尼罗河西岸，其实是古埃及文明被破坏的战场。许多神庙被基督徒摧毁，或改建为教堂，然后又被穆斯林践踏。如今的埃及人，既不会读写象形文字，也不崇拜太阳神荷鲁斯。3000多年的古埃及文明，好像与现代社会截然分离。

露天博物馆卢克索
LUXOR

6.
中埃文化年

汉布拉将我们送到码头，让我们搭轮渡过河，费用为1埃镑。我们计划第二天去红海小城赫尔格达（Hurghada），饲子告诉我，汉布拉建议包他的车，价格低至300埃镑，但我们还是打算乘巴士前往。

火车站隔壁有巴士前往赫尔格达，懒洋洋的工作人员说不用提前买票，明早7点前过来就行。天气阴沉，我们找到一家能俯视卢克索神庙的饭馆，边用餐边看广场上的人流。

埃及人常说："没有到过卢克索，就不算到过埃及。"卢克索神庙及其周围广场就是市中心，我们挑选的西式快餐店窗口能看到神庙和广场的全景。所谓"车如流水马如龙"，还真是名副其实。许多穿着阿拉伯长袍的当地人站在他们的马车旁边，不时挥动鞭子，抽得"叭叭"直响。

卢克索神庙也叫"南方神殿"，主要部分由阿蒙霍特普三世为

↓ 俯瞰卢克索广场

↑ 卢克索神庙前宽阔的人面狮身像神道

↑ 卢克索神庙里的巨型石柱走廊

露天博物馆卢克索
LUXOR

↓ 夕阳下的卢克索神庙

↑ 夜晚的卢克索神庙

埃及，
尼罗河西岸

↓ 卢克索神庙墙壁上的浮雕，古埃及人丰盛的食物

↑ 古埃及诸神浮雕，最右侧神像曾被中国男孩涂鸦过

露天博物馆卢克索
LUXOR

"奥佩特节"所建,也是献给太阳神阿蒙和其妻儿的私家住宅,后经拉美西斯二世扩建,才有了现在的规模。神庙长约250米,由塔门、庭院、柱厅和内殿构成,与北边的卡纳克相比,可谓小而精。

以前,从卡纳克的公羊斯芬克斯神道出来,约有3公里长的狮身人面斯芬克斯王道连接卢克索神庙。如今卢克索神庙前的起始部分已经被发掘出来,约四车道宽,非常壮观,据说将来整条大道都会呈现在世人面前。

神庙塔门由拉美西斯二世修建,上面刻着"卡叠石战役"中战争场面的浮雕。门前有三尊拉美西斯二世的雕像,据说原有六尊,如今只剩两尊坐像和一尊立像。雕像的雕刻手法很细腻,连人物的膝关节都凹凸有致,活灵活现。塔门前原来有两座方尖碑,现剩一座,另一座被穆罕默德·阿里送给了法国皇帝路易·菲利普(Louis Philippe),现立于巴黎协和广场,而法国回赠的钟放在萨拉丁城堡中。当年拿破仑远征埃及,撤退后阿里获取政权,与法国人交好,这一来一往,也算是投桃报李。

塔门后是拉美西斯二世巨庭,前有多尊拉美西斯二世的雕像,雕像基座上刻有尼罗河女神以绳子将莲花和纸莎草扎起来的画面,还刻有绑成一串的战俘。从长相可以判断:留络腮胡子者为亚洲人,不蓄胡须者为利比亚人。南后墙是拉美西斯二世和其17个儿子的浅浮雕,其中有牵着奶牛孝敬拉美西斯二世的儿子形象。

拉美西斯二世后宫佳丽无数,其中有他的姐妹和女儿。古埃及

↓ 法老像基座下的浮雕，尼罗河神将纸莎草和莲花绑在一起，寓意上下埃及统一

↑ 女王殿前的残缺不全的人面狮身像

露天博物馆卢克索
LUXOR

文明史堪称一部近亲乱伦史，也许文明的衰落也与此有关。被波斯征服以后，古埃及人再也没能恢复统治，而随着希腊和罗马征服者的到来，最后一批阿蒙祭司惨遭杀害，古埃及人和他们所创造的文明便永远凝固在神庙的墙壁上了。

神庙东北方有一座清真寺，据说建造清真寺时神庙已经几乎被掩埋，露出地面的顶部成了清真寺的地基。远眺卢克索神庙，清真寺的尖塔尤其醒目。南边壮观的阿蒙霍特普三世柱廊原来是神庙的正门，因后世法老不断扩建，反而将其围在中间。

穿过柱廊来到阿蒙霍特普太阳神庭院。让人惊讶的是，图坦卡蒙修建的纸莎草列柱上居然挂着中国的大红灯笼。原来今年是中埃建交60周年，卢克索神庙举办的"中埃文化年"开幕式刚结束。双方约定在埃及举办"中国文化年"，在中国举办"埃及文化年"，以此来增进两国友谊。前两天，习近平主席来到卢克索，据说还去了西岸国王谷游览。

在阿蒙霍特普太阳神庭院曾发现过26尊雕像，据说是在罗马化时期，由当时的阿蒙祭司埋藏。多柱大厅再往南，就是阿蒙祭拜神殿，墙壁上有关于罗马人物的绘画。穿过四柱前庭，又看到"明"神浮雕，浮雕刻在墙上，夸张坚挺的生殖器被游客摸得黝黑发亮，寄托着暧昧的希冀。最后是阿蒙霍特普三世神殿，原来的阿蒙神像只剩残破的石头底座。其东为阿蒙霍特普三世的诞生屋，墙上刻绘的太阳船浅浮雕被游人的手摸得光滑圆润，好像真的能通神了。

埃及，
尼罗河西岸

← 卢克索神庙正好举办"中埃文化年"开幕式

→ 中埃文化年，神庙、编钟、红灯笼，奇异的场景

露天博物馆卢克索
LUXOR

听说卢克索神庙的浮雕曾遭中国人涂鸦，涂鸦处就在挺着阳具的"明"神浮雕右侧，经修复，现在已经完好如初了。不过，浮雕边缘刻着许多希腊字母，还能看到明显的"1890"字样，看来喜欢乱涂乱刻的远不止中国游客……

一个普通话很流利的埃及青年看到我在对着红灯笼拍照，笑着说，这么好的机会被你遇见了，每张照片应该付10美元。他是"中埃文化年"的工作人员，看到中国游客，打趣几句，以示友好。

相对尼罗河西岸精美的壁画和浮雕，东岸的石柱、雕像、方尖碑和斯芬克斯更吸引人。

卢克索的古埃及遗迹，多为新王国时期遗存，仅有少量中王国时期的文物存世，尤其以第十八王朝的女法老、图特摩斯三世、阿蒙霍特普三世，以及第十九王朝拉美西斯二世时期的建筑最多。这一时期是古埃及的盛世，此后古埃及文明逐渐衰落，两度被波斯人征服。而亚历山大击败大流士三世（Darius III）掌管埃及后，荷鲁斯的后人再也没有能力将异族入侵者赶出尼罗河流域，古埃及人从此不知所踪，就像划过天际的流星，消散在历史的烟尘里。

从神庙出来，诃子提议去看卡纳克神庙的灯光秀，我们先到一家当地人推荐的餐馆吃晚饭。餐馆出售啤酒，每瓶30埃镑，比国内贵至少四五倍。诃子说有些日子没正经点菜吃东西了，但这里可点的食物并不多，一餐下来，只花了不到200埃镑。

吃完饭刚下楼，我们就被一位眼疾手快的马车夫逮住了。这大

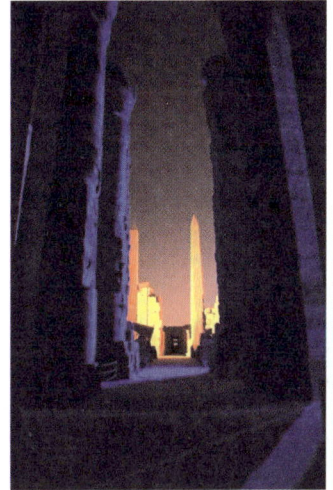

↑ 卡纳克神庙夜晚的声光秀
← 卡纳克神庙夜晚的声光秀
↓ 卡纳克神庙夜晚的声光秀

露天博物馆卢克索
LUXOR

叔一袭长袍，肩上搭条围巾，松松散散，看起来倒也潇洒飘逸。然而，他要起价来却毫不含糊，从卢克索广场到卡纳克神庙，开口就要50埃镑。几个回合的讨价还价下来，最终说好两人单程20埃镑，还要反复提醒他，是两个人！大叔善于聊天，边赶马车，边不时转过头来，大谈特谈塞西与习近平，直说得唾沫星子乱飞，甚至溅到我们脸上。

卡纳克神庙的"声光秀"，其实就是运用现代光影技术，将建造神庙的历史过程、历史事件和参与其中的人物形象，依次投影到塔门、圆柱、雕像、方尖碑上面，再配合夸张的解说，让游客身临其境，成功穿越回古埃及社会之中。灯光秀每晚放映3场，每场约90分钟，分别配以不同的语言，但很遗憾，没有中文。

声光秀结束时已是夜里10点，天气变得很冷，诃子瑟瑟发抖，还好，车夫大叔一直在等着我们。坐着马车回到渡轮码头，赫然发现灯光下的卢克索神庙色彩迷离绚烂，衬得神庙比白天更加美丽。

赫尔格达的红海
HURGHADA

5.

赫尔格达的
红海
HURGHADA

1.
水迷烟醉，舞蹈的公主与蛇

有人说，古埃及文化就是死亡文化或墓葬文化，诚以为然。在人类历史长河中，有三处将葬礼搞得非常隆重，那就是古代的埃及、中国和玛雅。但是，要说对来世的重视程度，还是古埃及和古印度。如此相似的生死观，它们之间到底有什么关联？或者曾经有过什么样的文化碰撞，恐怕也是一笔糊涂账，剪不断，理还乱。

在法老的世界里沉浸了数日，今天就要告别百门之都底比斯，真有些怅然不舍。

班车又晚点了。售票处就像中国以前的国营汽车站办公室，狭窄破旧，桌上放着几本翻得稀烂的记账簿、两个订书机、一枚印章，一个有把年纪的售票员斜躺在破旧的木头椅子上打瞌睡。坐这班长途巴士的外国人不多，除了我和词子，还有两个欧洲姑娘。反正，对于埃及人来说，时间只是个抽象的概念，他们并不介意时间是如何流逝的。

赫尔格达的红海
HURGHADA

埃及的汽油很便宜，一升80号的汽油约合人民币2元。但最近巴士的票价却上浮了将近50%，与塞西上台前相比，什么东西都涨价了，这也许就是现政府刺激经济的新策略吧。国际货币基金组织发表的研究报告显示，2015年埃及经济总量赶超南非，成为非洲第二大经济体。指出埃及的宏观经济稳定计划和结构性改革初见成效，预计在2016年经济增长率将达到4%。

巴士终于来了，不知为什么，有个家伙拿着一截老长的树枝追打着车身。司机并不下车理论，任那汉子疯狂发泄，似乎也没有人关心到底发生了什么。过了一会儿，那个暴躁的家伙才被人劝走，售票员示意我们上车，而此刻已晚点了一个小时。

从卢克索到赫尔格达，据说以前经常会在路上遭遇恐怖分子的袭击，因此这一路的安保措施甚至比去阿布·辛贝还严，车辆一般都要集中起来由军队护送。不过现在的情况好得多了，我没有看到军车开路。巴士驶出卢克索城，只见到火焰般的埃及东部沙漠，寸草不生。乘客不多，每人占据一排座位，在车上昏昏欲睡。

赫尔格达是红海之滨的城市，早年只是一个小渔村，因为此地的珊瑚礁离海岸很近，所以被游客们追捧。于是，原本宁静的小镇很快被钢筋水泥建筑覆盖，沿海岸线绵延20公里。然而，贪婪而又挑剔的游客又盯上了西奈半岛更为时尚的沙姆·沙伊赫（Sharm el-Sheikh）和更为宁静的宰海卜（Dahab），于是，赫尔格达又回归了宁静。

埃及，
尼罗河西岸

↑ 赫尔格达的天主教堂

赫尔格达的红海
HURGHADA

一般来说，从阿思旺到卢克索，参观完古埃及的神庙和陵墓，再去红海边的沙姆·沙伊赫潜水放松是个不错的选择。我本来也有类似的想法，不过，虽然以前在旅游旺季，卢克索有直达沙姆·沙伊赫的航班，但现在航班时间变得极不确定，有时候等几天都没有消息。此外，从赫尔格达到沙姆·沙伊赫的快艇也取消了，要去沙姆·沙伊赫，只能乘坐沿着海岸线奔跑的巴士，绕道苏伊士（Suez）抵达西奈南部，至少需要15小时。因此，我只好退而求其次，在赫尔格达这个繁华落尽的红海小城小住几天了。

原计划4小时的车程，巴士走走停停，6小时才到。

赫尔格达属于开发过度且管理不善的红海城市，浅海的珊瑚礁已经被人为破坏。此地有一些大众化的游玩项目，如出海潜水、沙漠探险，拜访贝都因人（Bedouins）等。但对于我来说，只要能坐在沙滩上看一眼红海就足够了。我们在网上所订的度假酒店里虽然客人不多，但依足了规矩，折腾一番才算安顿下来。

这里的天气很奇怪，当地人说，早上天气还温暖和煦，但到傍晚时分，诃子甚至穿起了薄羽绒衣。我们出去的时候，看到大堂内走进几个穿着比基尼的家伙，大概是被红海的寒流赶回来的吧。看起来，似乎只能裹上棉衣去海滩了。

穿过一条马路，对面是我所下榻的酒店别墅区，再往前就是私家海滩。可以看出，赫尔格达确实"曾经阔过"，现在就像落魄的贵族，依然端着架子深居简出。沙滩两边有人工礁岩，一直延伸到

↓ 埃及人抽水烟，水迷烟醉

↑ 喷云吐雾的烟民

赫尔格达的红海
HURGHADA

海里，上面摆满沙滩椅和遮阳篷。四周静悄悄地，连伙计们也躲在服务室里，只有我和诃子两个游客。眼前是一望无际的红海，只听见海浪拍击礁岩的声音，一阵阵海风吹过，寒意陡生。

诃子觉得无聊，提议去逛街。从海边小路走去，沿途许多咖啡馆，我们挑了一间门面光鲜的进去坐下。诃子想尝试一下阿拉伯水烟（Hookah），便要来一个水烟瓶、苹果味儿的烟丝和两个烟嘴。水烟起源于13世纪的印度，从16世纪开始在中东地区流行，烟草以蜂蜜或者各种水果混合而成，有苹果、柳橙、凤梨、草莓，甚至咖啡、香糖和可乐等口味。早期烟具包括烟瓶、烟管、气阀、壶身、烟盘等部分，以椰子壳与空竹管制成，主要用来吸食老式黑烟草。现在的烟具多用玻璃或陶瓷瓶与金属管构成，高档点儿的尽显奢华，就是艺术品。

在中东地区，水烟一度被看作"舞蹈的公主和蛇"。一位阿拉伯小说家描写抽水烟："腾云驾雾间，水迷烟醉中，经典的时光恍若倒流，仿佛回到了遥远的过去。"西方媒体评论说，阿拉伯知识分子的思想就装在他们的烟壶里。怪不得埃及作家马哈福兹经常泡在咖啡馆里，以抽水烟来寻找灵感。

对埃及人来说，抽水烟是他们生活中不可或缺的一部分，我们一路走来，随时随地都能看到有人喷云吐雾。我在印度见过这种烟具，在伊朗也曾尝试，这种水烟虽然烟味儿淡，但后劲十足。因为烟管长，抽起来很费劲，一口气吸到底，控制不好就会呛着。我抽过几口，便交给诃子，任由她吸得"呼噜呼噜"乱响。对我这样的非烟民来说，不论什么味道的烟，都觉得够呛。

或者水烟真能激发人的灵感。水迷烟醉间，诃子给我讲了她在摩洛哥的经历，说她曾被一个当地年轻人带到家里，喝茶聊天打发了半日时光，非常值得回味。我想起卢克索西岸的汉布拉，那个家伙好像没给她没留下什么印象。一般来说，喜欢独自出行的背包客，多我行我素，追求刺激和冒险，像我这般喜欢历史遗迹的"古董"，反而显得另类。

回到酒店，我们选了个第二天的出海项目。这种天气，并不适合其他活动，但坐在潜水艇（Submarine）里看看红海的水世界，应该是不错的选择。

赫尔格达的红海
HURGHADA

2.
红海——上帝确实存在

有人夸张地说:"在红海,如果你想证明上帝的存在……只需有一套潜水道具便够了。因为在海面下,有个五光十色、千变万化的世界。那是只有伟大的艺术家、全知的科学家、万能的大主宰才能创造出来的奇妙世界。"

红海是指介于阿拉伯半岛和非洲大陆之间的狭长海域,三面被沙漠包围,名字系从古希腊语演化而来,意为"红色的海洋"。关于其名称来源,解释甚多,有种说法认为,古代西亚许多民族以黑色表示北方,以红色表示南方,红海就是"南方的海"。我倒觉得这个解释更为合理,因为红海的确并不"红"。

旅游公司派人将我们拉到潜水艇码头。这里本来是豪华度假酒店,但半截烂尾,一片萧条,只有花园和海滩打理得有点人气。等候几分钟,黄色涂装的潜水艇来了,大家依次上船就座。几个年轻的伙计兴高采烈,拿出摄像机,不时追着客人拍摄。

↓ 红海，酒店的私家海滩

↑ 红海之滨，赫尔格达酒店的私家海滩

赫尔格达的红海
HURGHADA

名字叫潜水艇，但和军用潜艇完全不同。船体有块方形突起，顶层类似甲板，上面固定了许多能旋转的圆凳子，正常航行时可以坐下来欣赏红海。今天的游客不多，除了我和词子，其他多为俄罗斯人。

　　难得的好天气，红海就像蓝宝石一样迷人，偶尔涌现出深色的暗流，衬得蓝色的大海更加旖旎多姿。回看沙色的海岸线和远处的建筑，倒显得有些突兀。实际上，对于喜欢与红海亲近的游人来说，现在不是好季节。潜水最好的季节是每年7月到9月，而每年12月到次年1月，是海水能见度最差的时段，气温也骤降，海浪和强风严重影响到潜水活动。

　　在海面航行一段时间，一进入珊瑚区，船员便让大家通过一个狭窄的孔道钻入潜水艇内部。内部倒也宽敞，能容纳40余名游客，每位游客都有固定的座位，正对座位前都有一扇玻璃窗，确保游客能够看到水底生物。

　　海洋永远是神秘莫测的。我在斯里兰卡的美蕊莎（Mirrisa）海域看过蓝鲸，确实是荡人心魄，气象万千。巨大的蓝鲸翻转腾挪，时而喷出水柱，时而跃出水面，好像专门为远道而来的游客表演一般。但探察海底，于我还是第一次。

　　开始下潜时我感觉有点儿头晕，转眼来到了海底世界，睁眼一看，眼前的珊瑚礁和鱼群像森林奇观，又像童话故事，色彩斑斓，光怪陆离。真是完全无法想象的世界，仿佛穿越到了异次元的空间。

埃及，
尼罗河西岸

→ 红海海面下,有个五光十色、千变万化的世界
↓ 乘船出海,可以浮潜

↑ 红海海面下,有个五光十色、千变万化的世界
← 红海,水色就像蓝宝石一样迷人

赫尔格达的红海
HURGHADA

我不时转换位置，追寻成群结队的鱼群。可惜当天天气不好，海底光线较暗，潜艇的双层玻璃又厚，无法充分展现珊瑚、鱼群美丽绝伦的色彩，也无法拍出清晰的照片。

　　看来，要真正领略海底世界，直接潜水是最好的选择。坐着潜水艇毕竟不能零距离接触，难免有种隔靴搔痒的感觉。

　　在海底潜行了约40分钟，潜艇又慢慢浮出水面。几个俄罗斯游客在伙计的招呼下，穿上救生衣下水游泳。我和讵子没有游泳计划，于是坐在甲板上欣赏海景。其实红海的盐分很高，就算不会游泳，游客只需穿上救生衣自会浮在海面上。

　　活动大约下午2点便结束了。回到市区，准备明天的行程，讵子要在此地再住几天，然后直接回开罗，而我准备乘巴士前往地中海城市亚历山大。今天难得有空闲，我收拾一番，然后躺在床上翻看相片。

　　突然，窗边传来一阵嘶哑的鸦啼。我走到窗边，看到远处近处飞舞着成群的乌鸦，黑黢黢的影子映着天边绚丽的晚霞和科普特教堂顶上的十字架。它们飞翔着、嬉戏着，我心中涌起一阵伤感：这是在与我告别吗？

地中海新娘亚历山大
ALEXANDRIA

6.

地中海新娘
亚历山大
ALEXANDRIA

1.
城堡依旧，灯塔何处？

对埃及来说，亚历山大港（Alexandria）是除金字塔外的另一个重要标志。自马其顿国王亚历山大（Alexander）征服埃及以来，亚历山大港一时成为希腊文化的中心。藏书浩如烟海的大图书馆孕育出众多的学者和专家，新约时代通行的旧约希腊文《圣经》译本"七十士译本"（Septuagint）就在此地完成。而港口的法洛斯（Pharos）灯塔，更是世界奇迹，在长达1700年的时间里，就是这个灯塔为往来于地中海的航船指点迷津。

一座以人为名的城市，和许多以人为名的建筑，其中该藏着多少故事啊！

亚历山大的建设和发展从托勒密一世（Ptolemy I）时期开始，从那时起，埃及也进入了希腊化时代。

因为地中海的阻隔，古埃及第一王朝时期以前的亚历山大是名不见经传的小渔村。公元前332年，亚历山大击败波斯帝国，带着

地中海新娘亚历山大
ALEXANDRIA

↓ 半月形环绕地中海的亚历山大城市中心

↑ 面临地中海的亚历山大港口

埃及，
尼罗河西岸

从锡瓦（Siwa）求取的阿蒙神谕来到地中海边，打算将这里作为统治埃及的中心。已经不会打仗的古埃及人抛弃了波斯，转而投入亚历山大的怀抱。然而，亚历山大随后远征亚洲，饮马印度，再也没能回来。他就像划过暗夜的流星，离世时还不满33岁。此后经过一系列争夺，他所建立的横跨欧亚非三大洲的马其顿帝国，被三位胜利者安提柯（Antigonus）、塞琉古（Seleucid）和托勒密瓜分。公元前305年，托勒密宣布自己为国王，开始统治埃及。

实际上，直到"埃及艳后"克丽奥佩特拉（Cleopatra）时期，除了军事力量，亚历山大各方面都优于罗马。罗马巨头们为争夺富庶的埃及大打出手，结果导致埃及法老时代结束。而后来穆斯林军队的入侵，使亚历山大几乎又回到史前时期，直到法国拿破仑撤退，穆罕默德·阿里取得政权，才在原来的废墟上重建港口，亚历山大重新成为国际化的都市。但纳赛尔上台后，亚历山大去国际化，又变成了典型的埃及城市。2010年，就在亚历山大，一个年轻人的死亡成为埃及"1·25"革命的导火索。

亚历山大从来就不是一座普通的城！

现在的亚历山大城沿曲折的海岸线绵延20多公里，向内陆扩展却不足3公里。城市呈半月形围绕地中海建设，正好被两个海角锁定，西面是凯特贝（Qaitbey）城堡，东面为亚历山大图书馆。

我从拉姆拉（Ramla）广场出发，沿滨海路往西，去参观凯特贝城堡。这条道一面临海，一面是参差错落的城市建筑，老旧灰暗

↑ 向窗外望去,可见地中海对面的凯特贝城堡

埃及,
尼罗河西岸

的城市容貌带着颓废而厌世的情调。有位作家说，空荡荡的海滨路就像"长了粉刺的戛纳（Gannes）"。我没去过以电影节名世的戛纳，倒可以通过这句话来想象其容貌了。

地中海的波涛直接拍上堤岸，摔碎在马路上，看着真有点儿吓人。两个月前，亚历山大街道曾被水淹，政府将罪责归于穆斯林兄弟会，说他们堵塞了排水管道，导致暴雨降临时，街道被水淹没。这种说法，埃及人不信，我也不信。艳阳高照的时候，海水都能灌上马路，如果来一场台风，后果会怎么样？

不管怎么说，现在的亚历山大风景优美，气候宜人，依然是埃及最漂亮、最开放的城市。它是埃及的"夏都"和避暑胜地，被世人誉为"地中海新娘"。埃及人、希腊人、意大利人、叙利亚人、利比亚人、土耳其人和亚美尼亚人，自古以来就住在这里。游客可以钻进巷子里，欣赏那些带着老欧洲建筑风格的街景，或者伤今，或者怀古，或者品评人物，从千古一帝亚历山大到今天临危受命的塞西，怎么感慨都不为过。

走路半小时，就来到凯特贝城堡。城堡建立在东部海港狭窄的半岛上，进门有些窑洞似的小房间。不用理会那些荷枪实弹的警察，穿过坚固厚实的城门洞，对面就是中央城堡，顶上的埃及国旗迎风招展。门前是空阔的广场，摆着老式大炮，表示这里曾经是军事要塞。

其实，现在看到的城堡，是由马穆鲁克苏丹凯特贝于1480年建造而成，本身并无可观。但因为修建于著名的亚历山大灯塔遗址

← 地中海里的浪花扑面而来

← 凯特贝城堡一角，经年累月遭受
　地中海波浪的冲刷

← 凯特贝城堡，建在亚历山大灯塔
　旧址

埃及，
尼罗河西岸

上,所以闻名于世。据史料记载,法洛斯灯塔是由亚历山大提议,于公元前279年由托勒密二世建造。塔高150米,方形底座有300间房供工作人员居住,中段八边,顶层圆形,形式与后来的清真寺宣礼塔类似。神奇的是塔灯,有人说其上装了铜镜,白天利用阳光,晚间利用火柱,将光线反射到50公里以外,给往来的船只指引航向。

城堡内部如今被辟为海军博物馆,摆着些船舶器材和航海资料。里面的设计颇为奇特,由走廊和拱门组成,如迷宫般,让人摸不着头脑。有阶梯通向顶楼,站在最高处远眺,可见三面临海,一面为城市。

城堡的建设是因为战争,而当年修灯塔却是为了和平。法洛斯灯塔建成后,为往来于地中海上的船只服务了约1700年,躲过了无数次的地震和海啸,最终在1303年被一场地震摧毁,沉入海底。100多年后,马穆鲁克苏丹凯特贝利用灯塔遗留的旧石块在原址建起城堡,以抵御土耳其人的进攻。1882年,因为一次兵变,要塞受到英国海军的攻击,受损严重,经重修才成为现在的样子。凯特贝与开罗的萨拉丁遥相呼应,为埃及中世纪两座最重要的古城堡。

凯特贝城堡是欣赏亚历山大港的最好位置。沿着城堡围墙转一圈,能看到亚历山大的城市建筑鳞次栉比,高低错综,呈弯月状环绕着地中海。而海湾里停泊的大小船只,如同一个个音符,点缀着蔚蓝色的海面。

远远望去,在城堡以东不远的海湾里,就是"埃及艳后"克丽奥佩特拉水下宫殿的遗址。克丽奥佩特拉是古埃及最后一位法老，她利用自己的聪明和智慧，周旋于历任罗马统治者之间，短暂地保全了埃及，但最终还是无法阻止古埃及的衰落。兵败后，她用一条小毒蛇结束了自己的生命，也结束了法老时代。她死后，古埃及的希腊时代终结，罗马化时代到来。考古学家认为，她的宫殿毁于地震和海啸。

　　起风了，吹得海浪与乌云一起翻滚，水天一色，浓墨重彩，山叠的乌云翻滚着从海上扑来。汹涌的波涛也毫不示弱，拍在城堡外围的礁石上，散成无数碎片，又悄无声息地遁入大海。这就像一种宿命，无论如何挣扎，最终还是回归本源。依然有阳光透过乌云的缝隙闪耀在海面和古老的建筑上，给这个城市披上了独特的光彩。

2.
人类文明的太阳

"一座拥有混杂领事馆的大城市,一半是阿拉伯,一半是欧洲。男人们穿着白色长裤,头戴土耳其帽。"法国作家福楼拜(Flaubert)于19世纪中叶在亚历山大港靠岸的时候,这样写道。

现代埃及曾一度成为阿拉伯世界的领袖,要说亚历山大是希腊化的城市,更多的是表达一种文化与心理上的认同,实际上亚历山大现存的古希腊和罗马时代的遗迹并不多。如今的亚历山大图书馆和大学,虽然建在托勒密时期的图书馆原址上,但并未留存多少古希腊元素。

我来得稍微有点早,图书馆还没有到开放时间,趁这会儿,我想要参观对面的亚历山大大学人文学院。然而,笑眯眯的保安摆摆手,不让我进入。

这一区域原是托勒密时期的"皇家地段"。托勒密一世开始建立的西索吉诺斯(Sisogenes)大图书馆,被称为"缪斯的神龛"

地中海新娘亚历山大
ALEXANDRIA

↑ 亚历山大大学人文学院
　门口
→ 亚历山大图书馆正面，
　外墙刻着不同的文字
↓ 亚历山大图书馆广场

埃及，
尼罗河西岸

（Mouseion），今天的"博物馆"（Museum）其词源即来源于此。至托勒密二世、三世时，图书馆经反复扩建，成为当时人类历史上最伟大的图书馆。据称托勒密二世在其坟墓中留下一句话："我看到工程如此庞大时都要绝望了。"可见在他执政时，图书馆的规模甚至超过了他的想象。

站在大学门口远望亚历山大图书馆，其前缘倾斜上扬，四周灰白色的花岗岩文化墙上，镌刻着包括汉语在内的120种人类语言的文字和符号。门前来来往往的亚历山大大学的年轻学子们，给这古老的建筑增添了年轻与活力。

托勒密时期的大图书馆被誉为"人类文明的太阳"，其中收藏了全世界最丰富的古籍手稿。其本来的建造目的，就是"收集全世界的书"，实现"世界知识总汇"。当时的法老甚至下令搜查每一艘进港的船只，发现图书，立即收归图书馆。传说当时古希腊三大悲剧作家欧里庇得斯（Euripides）、埃斯库罗斯（Aeschylus）和索福克勒斯（Sophocles）的手稿原本都收藏在雅典档案馆内，托勒密三世以制作副本为由说服雅典破例出借，归还时却只给了副本，将原件据为己有。

图书馆极盛时期馆藏各类手稿及复制品逾70万卷，藏有古埃及和托勒密时期的哲学、诗歌、文学、医学、宗教、伦理等学科著述，古希腊诗人荷马的全部诗稿，天文学家阿里斯塔克斯（Aristarchus）关于日心说的理论著作，西方医学奠基者希波克拉底（Hippocrates）

的手稿，以及亚里士多德（Aristotle）和阿基米德（Archimedes）等人的著述手迹。

而当时的中国，正是诸子百家争鸣的时代。

趁着开门前的空当，我在图书馆门前的广场上绕了一圈。图书馆门前的广场上有几处现代雕塑，转到面临地中海的一侧，才发现这座图书馆的整个建筑别出心裁：宛如一轮斜阳一边沉入大海，一边冉冉升起。

花了10埃镑买了门票，再回到门前排队，通过层层安检进入图书馆。穿过前厅，就能看到以柱子支撑的主阅览室，正如从外面看到的那样，阅览室内从左到右渐次增高，呈阶梯状分布，能存放800万本图书，可容纳2500名读者。房顶和窗户经过特殊设计，采光通风良好，又不会让藏品受到阳光直射。

当年的大图书馆不但藏书众多，而且吸引了众多学者，因此此地也号称"世界上最好的学校"，为地中海沿岸国家传播文明达800年，同法洛斯灯塔一样驰名于世，是亚历山大港辉煌时期的见证。不过，亚历山大图书馆并非世界上最早的图书馆，世界上最早的图书馆出现于美索不达米亚（Mesopotamia），即亚述巴尼拔（Ashurbanipal）图书馆。考古发现，亚述巴尼拔是私人图书馆，藏书多刻国王的名字，一块泥版上刻着如下铭文：

我是亚述巴尼拔，伟大的国王、非凡的国王；

埃及，
尼罗河西岸

宇宙之王、亚述之王、周边世界之王；

王中之王，亚述的统帅、无敌的君主；

支配着大海从高到低，

所有的诸侯都匍匐在我脚下。

如今的亚历山大图书馆于2002年修复开放，已经成为埃及的世界之窗和世界的埃及之窗。阅览室中辟有藏书区与读者区，除了纸质书籍外，也引入了很多数字信息。行走其间，游客们都尽量放轻脚步，不敢喧哗，以免打扰那些正在认真阅读的学者和学子。

图书馆内除了主阅览室，还有几个独具特色的博物馆。如收藏从希腊罗马时期到伊斯兰时期遗存的文物博物馆、陈列古代手卷古籍和地图的手稿博物馆，以及与前总统有关的萨达特（Sadat）博物馆，还有一个面向儿童的科学历史博物馆。

当年的大图书馆被罗马人付之一炬：公元前48年，罗马统帅恺撒进入埃及，帮助"埃及艳后"争夺王位，放火焚烧托勒密十三世的舰队。火势蔓延，图书馆惨遭池鱼之殃，珍藏过半被毁。电影《埃及艳后》中，克丽奥佩特拉那个忠心的老臣面对火光，绝望地喃喃自语：亚里士多德的手稿，柏拉图（Plato）的评论、剧本、史料，希伯来神明的《圣经》，珍贵的书籍！正是反映了这一事件。

而公元4世纪罗马皇帝狄奥多西一世（Theodusius I）发动的宗教战争，则让有600多年历史的大图书馆彻底烟消云散，后人只

地中海新娘亚历山大
ALEXANDRIA

↑ 亚历山大图书馆内部
→ 亚历山大图书馆内部
↓ 亚历山大图书馆内部，
　安静学习的学子

埃及，
尼罗河西岸

能通过残存的史料来想象其盛况了。

如今的亚历山大图书馆由国际方面管理，在政府机构的管辖范围外独立运营，也许这才是它能够持续发展的原因。

参观完毕，走出门外，来到地中海的艳阳下，但见风平浪静，水天相接。一块白云慢慢飘过图书馆的屋顶，如同白日焰火，似乎又听见克丽奥佩特拉歇斯底里地咒骂："……你们这些野蛮人竟然烧图书馆，大玩征服者游戏。伟大的恺撒，尽管烧杀掳掠千万人，但你们这些野蛮人，无权摧毁人类文明！"

地中海新娘亚历山大
ALEXANDRIA

3.
石柱与庞培无关

文学作品中的亚历山大比现实中的钢筋水泥森林更具魅力。一位作家说："景点本身没有趣味，但从历史的角度看却很迷人。"还有个家伙恶狠狠地抱怨说，亚历山大是"肮脏破烂的那不勒斯（Naples）小镇"。从我的角度看，这座地中海城市，除了"埃及艳后"，还有几处希腊和罗马元素。它现在的模样，有点儿"古道西风瘦马"的味道，更能引起人的感伤和怀旧之心。

离开风姿绰约的地中海，打车前往城市西南的旧街区。亚历山大的出租车涂装成黑黄两色，在川流不息的滨海路上，异常显眼，就像穿着背心的"大黄鸭"，甚至被游客看作亚历山大的城市一景。与滨海路的欧陆风情不同，深处的亚历山大脏乱不堪，建筑外墙剥落破败，马路两边垃圾成堆，似乎从来不曾清理。

据说，亚历山大城开始只是名为拉克提斯（Rhakotis）的古村落，托勒密一世为协调征服者与埃及土著之间的关系，以奥西

↓ 亚历山大老城区破旧的有轨电车

↑ 在亚历山大碰到的埃及小女孩，要我给她拍照

地中海新娘亚历山大
ALEXANDRIA

里斯和阿匹斯神牛为原型,创立了亚历山大的新神——塞拉匹斯(Serapis)。到托勒密三世时,则在市区建起一座规模宏大的塞拉比尤姆(Serapeum)神庙,用以供奉塞拉匹斯。

老城的街道上还跑着笨重的有轨电车,老旧不堪,圆头圆脑,轰隆隆碾压来去,极有历史感。

出租车司机将我放在污水淋漓的街边。我准备去参观亚历山大城的城徽——庞培塔。庞培塔的门票为30埃镑,进去后是一片荒芜的小山丘,那根闻名于世的擎天石柱就矗立在山丘半坡,直插云霄。

当地人称庞培塔为"萨瓦里"石柱(Amoud el-Sawari),萨瓦里的阿拉伯语原意为"桅杆",也有人称之为"骑士之柱"。庞培塔原为塞拉比尤姆神庙广场最高的石柱,在古代甚至成为航海的标志。它与古埃及人的纸莎草头、棕榈头与莲花头的石柱相比,有点单薄,却显得更加高挑。

塞拉比尤姆神庙早已倾颓,目前几乎是一片废墟,周围被散乱的居民区包围。虽然进行了发掘,但尚不成体系。我沿着右侧的小道攀登了100级台阶,才走到石柱跟前。石柱呈圆柱形,高26.85米,重约500吨,由整块阿思旺红色花岗岩凿成,顶端为精美的科林斯(Corinthian)柱头,饰有爵床花图案。所谓科林斯,是指以叶纹或花纹装饰,形如盛满花草的篮子的柱头。

罗马皇帝戴克里先(Diocletian)统治时期,亚历山大城发生

↑ 庞培柱，实为塞拉比尤姆神庙遗迹　　　　　　↑ 庞培柱，实为塞拉比尤姆神庙遗址

地中海新娘亚历山大
ALEXANDRIA

叛乱。戴克里先亲自率军镇压，随后调拨粮食，安抚百姓。公元297年，埃及总督在塞拉比尤姆神庙广场中央，为戴克里先建造了这根石柱，以示感恩戴德，据说当时神庙中已有400根同样的柱子。

石柱基座西侧有四行铭文，大意为："为战无不胜的亚历山大监护神、公正的戴克里先皇帝、埃及总督谨立此柱。"有了这些铭文，这根石柱便仿佛有了生命。

公元391年，基督教清洗异教徒时，塞拉比尤姆神庙被破坏，但石头柱廊仍在。阿拉伯人于公元641年占领亚历山大，看到这根石柱耸立于广场柱廊中央，状如帆船桅杆，因此称其为"萨瓦里"石柱。后来十字军东征，萨拉丁的军队以神庙遗址的石头填塞港口，以加强海防，使得曾经气势恢宏的塞拉比尤姆神庙，仅剩这根孤零零的石柱。

十字军将士以为古罗马统帅庞培为恺撒所败，逃到埃及后被托勒密十三世杀害，其骨灰存于石柱花篮似的顶端，所以称其为"庞培柱"，这实在是一个误会，因为庞培死后300余年，这根石柱才立了起来。

庞培是古罗马军事统帅，为人正直，与恺撒等组成"前三巨头同盟"，势力最强。可惜，因为内部斗争，最终被恺撒逼死。后来恺撒遇刺身亡，安东尼（Antony）与屋大维等组成"后三巨头同盟"，结果安东尼走上庞培的老路，又被屋大维逼死。

石柱的正南方有两尊狮身人面像。它们来自赫里奥波利斯

↑ 蒙塔扎宫，电缆塔顶端发出嫩黄的光华

地中海新娘亚历山大
ALEXANDRIA

（Heliopolis），已经在这里守望了1700多年。西边有一片洼地。1895年在洼地岩洞里发现了一尊黑色闪长岩雕成的塞拉匹斯神像，其状如牛犊，头顶日轮，两耳朝前，一副洗耳恭听的样子。洼地有地道直达石柱之下，地道两边有脚手架和放置油灯的小洞，据说这里曾是神庙附属的图书馆，或为亚历山大图书馆的分部。大图书馆被恺撒烧掉后，部分纸莎草图书迁移于此。由此可见，当时塞拉比尤姆神庙是亚历山大的宗教与文化中心，如今化作废墟一片，真是令人感怀。

亚历山大城起起落落几千年，经历了桑田沧海，所有的希腊罗马元素，或成瓦砾，或为尘烟，只有这根石柱独立于世，成为亚历山大城的标志。一代军事巨人庞培恐怕做梦也不会想到，两千年之后，还有一根以他为名的石柱巍然耸立，吸引着世界各地的人们前来凭吊！

出得门来，天色已经不早，我便到蒙塔扎宫转了一圈。这座皇家的夏宫是罗马风格的园林，倒也清静宜人，是个散步的好去处，只是里面的宫殿并不对外开放。

夜幕降临，乌云从地中海升腾而起，翻滚飘摇，铺天盖地。城市很快变得昏蒙而幽暗，只有蒙塔扎宫的电缆塔顶端发出嫩黄的光华，仿佛在为世人指点迷津。

附：
古代埃及和中国历史年表对照

（此年表列出的年份均取近似值）

埃及历史年表		中国历史年表
前王朝时期 公元前 3100 年以前		新石器时代 公元前 80 世纪—前 21 世纪
早王朝时期	第一王朝 公元前 3100—前 2890 年	
	第二王朝 公元前 2890—前 2686 年	
古王国时期	第三王朝 公元前 2686—前 2613 年	
	第四王朝 公元前 2613—前 2498 年	
	第五王朝 公元前 2498—前 2345 年	
	第六王朝 公元前 2345—前 2181 年	
第一中间期	第七/第八王朝 约公元前 2181—前 2125 年	
	第九/第十王朝 （赫拉克利奥波利斯王朝） 约公元前 2160—前 2130 年 约公元前 2125—前 2040 年	夏 公元前 21 世纪—前 17 世纪初

续表

	埃及历史年表	中国历史年表
中王国时期	第十一王朝 公元前 2133—前 1991 年	夏 公元前 21 世纪—前 17 世纪初
	第十二王朝 公元前 1991—前 1786 年	
第二中间期	第十三王朝 公元前 1786—前 1750 年	
	第十四王朝 公元前 1750—前 1650 年	商 公元前 17 世纪初—前 11 世纪
	第十五王朝 （希克索斯王朝） 约公元前 1674—前 1567 年	
	第十六王朝 约公元前 1650—前 1550 年	
	第十七王朝 （底比斯王朝） 公元前 1650—前 1570 年	
新王国时期	第十八王朝 公元前 1570—前 1320 年	
	第十九王朝 公元前 1320—前 1200 年	
	第二十王朝 公元前 1200—前 1085 年	
后王朝时期	第二十一王朝 （塔尼斯王朝） 公元前 1069—前 945 年	西周 公元前 1046—前 771 年

续表

埃及历史年表		中国历史年表
后王朝时期	第二十二王朝 （利比亚王朝） 公元前 945—前 715 年	西周 公元前 1046—前 771 年
	第二十三王朝 公元前 727—前 715 年	
	第二十四王朝 时间不详，持续约十多年	春秋 公元前 770—前 476 年
	第二十五王朝 （努比亚或库施王朝） 公元前 747—前 656 年	
	第二十六王朝 公元前 664—前 525 年	
	第二十七王朝 （波斯王朝） 公元前 525—前 404 年	战国 公元前 475—前 221 年
	第二十八王朝 公元前 404—前 399 年	
	第二十九王朝 公元前 399—前 380 年	
	第三十王朝 公元前 380—前 343 年	
	第三十一王朝 （第二次波斯统治） 公元前 343—前 332 年	
希腊罗马时期	马其顿时期 公元前 332—前 305 年	

古代埃及和中国历史年表对照

续表

	埃及历史年表		中国历史年表
希腊罗马时期	托勒密王朝 公元前305—前30年		战国 公元前475—前221年
			秦 公元前221—前206年
	罗马帝国 公元前30—395年		西汉 公元前206—公元25年
			东汉 公元25—220年
	东罗马帝国（拜占庭帝国） （公元395—642年）		三国 公元220—280年
			西晋 公元265—317年
			东晋 公元317—420年
			南北朝 公元420—589年
			隋 公元581—618年
阿拉伯时期	阿拉伯人征服埃及 公元642年		唐 公元618—907年

古埃及大事年表
(Ancient Egyptian Timeline)

公元前5000年，古埃及人开始使用石器和铜器，进入文明时期。

公元前4200年，利用尼罗河（Nile）洪水规律，古埃及人制定出世界最早的历法。

公元前3500—前3100年，类似于小邦国的诺姆（Nome）形成，出现象形文字。

公元前3080年，上埃及法老纳尔迈（Narmer）平定下埃及，建立历史上第一个中央集权国家，定都孟菲斯（Memphis），这一时期还发明了莎草纸（Papyrus）。

第三王朝（2686 BC—2613 BC），法老左塞尔（Zoser）在萨卡拉（Sakkra）修建了阶梯金字塔（Pyramid）。

第四王朝（2613 BC—2498 BC），金字塔时期，建造了弯曲金字塔、红色金字塔。公元前2515年，法老胡夫（Khufu）在吉萨（Giza）高地修建大金字塔，随后他的儿子哈夫拉（Khafre）和孙子孟卡拉（Menkaure）

也为自己建造金字塔。人们开始崇拜太阳神拉（Ra），最早的宗教咒语，被刻在陵墓墙壁上。

第五王朝（2498 BC—2345 BC），公元前2487年，法老乌塞尔卡夫（Userkaf）在阿布希尔（Abusir）为太阳神拉（Ra）修建神庙。

第十一王朝（2133 BC—1991 BC），在蒙图霍特普（Mentuhotep）统治时期，统一埃及，在巴哈里（Del el-Bahri）修建了独特的墓葬建筑群。

第十二王朝（1991 BC—1786 BC），塞努塞尔特一世（Senusret I）在底比斯（Thebes）修建卡纳克（Karnak）神庙。

公元前1588年，底比斯与亚洲国家进行战争。

公元前1567年，北方的希克索斯人（Hyksos）入侵尼罗河三角洲。

第十八王朝（1570 BC—1320 BC），法老图特摩斯一世（Thutmose I）征服亚洲和埃及部分地区；女法老哈特谢普苏特（Hatshepsut）和其继承者图特摩斯三世（Thutmose III）将埃及带入鼎盛时期；阿蒙霍特普二世（Amenhotep II）开始艺术革新；阿肯纳顿（Akhenaten）和奈菲尔提提（Nefertiti）进行宗教改革，独尊太阳神。

这一时期留下的建筑有阿蒙（Amon）神庙、门农（Memnon）神像、图坦卡蒙（Tutankhamun）墓、国王谷等。

第十九王朝（1320 BC—1200 BC），古埃及依然强盛，塞提一世（Seti I）修复了许多纪念物；经过多次战争，包括著名的"卡叠石战役"（Battle of Kadesh），埃及与赫梯（Hittie）帝国签订《银板和约》，为史上最早的国际军事条约。

埃及，
尼罗河西岸

拉美西斯二世（Ramesses II）大搞建筑，其中包括阿布·辛贝（Abu Simbel）神庙和卢克索（Luxor）的一些建筑，他被称为埃及历史上伟大的法老。

第二十王朝（1200 BC—1085 BC），塞塔克特（Setakht）恢复全国秩序；拉美西斯三世（Ramesses III）是古埃及最后一位伟大的法老，在他之后，埃及开始衰落。

这个时期，国王谷皇陵遭盗窃。

第二十一王朝（1069 BC—945 BC），王权衰弱，内战和外族入侵使埃及四分五裂。

公元前747年，努比亚人征服埃及，建立第二十五王朝。

公元前595年，尼科二世（Nekau II）修建连接尼罗河和红海的运河。

公元前525年，波斯（Persia）征服埃及。

公元前497年，大流士（Darius I）开通了尼罗河与红海之间的运河。

公元前343年，波斯再度征服埃及，古埃及文明结束。

公元前332年，亚历山大（Alexander）击败波斯，占领埃及，希腊化时代开始，之后他的部将建立托勒密（Ptolemy）王朝。

公元前300年，托勒密王朝于尼罗河中菲莱岛（Philae）上建立伊西斯（Isis）神庙，考姆翁布（Kom Ombo）、伊德富（Edfu）、伊斯纳（Esna）神庙也在同期建成。

公元前30年，"埃及艳后"克丽奥佩特拉七世（Cleopatra VII）与安东尼（Antony）战败，屋大维（Octavian）占领埃及，罗马行省时代开始。

古埃及大事年表
Ancient Egyptian Timeline

公元395年，罗马帝国分裂，埃及成为东罗马帝国领地；埃及不再使用象形文字，人们也不能理解象形文字的意义；科普特教开始繁荣。

公元642年，阿拉伯人征服埃及。